MIT BILDERN ZU LUST UND BEGEHREN ARBEITEN

Karla Schmutzer und Marion Thuswald

MIT BILDERN ZU LUST UND BEGEHREN ARBEITEN

Kunst- und sexualpädagogische Methoden und Materialien für Schule und Lehrer*innenbildung

IMPRESSUM

www.fabrico-verlag.de
Umschlaggestaltung, Layout und Illustrationen: Franziska Kabisch
Die Quellenangaben zu den Bildern bzw. Illustrationen auf dem Cover finden sich im Abbildungsverzeichnis unter Abb. 8, 11, 13, 14, 17, 19, 25, 26.
ISBN: 978-3-946320-21-0

Bibliografische Information der Deutschen Nationalbibliothek:
Die deutsche Nationalbibliothek verzeichnet diese Publikation in der Deutschen Nationalbibliografie; detaillierte bibliografische Daten sind im Internet über http://dnb.d-nb.de abrufbar.

Wir haben uns bemüht, alle Rechteinhaber*innen der in diesem Band verwendeten Abbildungen ausfindig zu machen. Falls hierbei Fehler unterlaufen sind, bitten wir Sie, sich an die Autorinnen zu wenden.

Die Publikation wurde aus Mitteln der Akademie der bildenden Künste Wien und dem Forschungsprogramm *Sparkling Science* des österreichischen Bundesministeriums für Bildung, Wissenschaft und Forschung finanziert.

INHALTSVERZEICHNIS

Abb. 1: Illustration einer Fotografie aus „MAKE LOVE“ von Heji Shin 2012

MIT BILDERN ZU LUST UND BEGEHREN ARBEITEN. DIDAKTISCHE ÜBERLEGUNGEN

In und durch Bilder werden Vorstellungen von Sexuellem, Lust, begehrenswerten Körpern und intimen Beziehungen geformt, visualisiert, angeregt, normiert und auch irritiert, schreibt die Kunst- und Sexualpädagogin Angelika Beck (vgl. Beck 2004 und 2016). Kinder und Jugendliche sind gegenwärtig vielerorts von (sexualitätsbezogenen) Bildern umgeben; sie hantieren mit ihnen, setzen sich dazu in Bezug und produzieren selbst welche.

Der Kunstunterricht bietet Möglichkeitsräume zur Auseinandersetzung mit Vorstellungen und Bildern rund um Körper, Begehren, Lust, Intimität und Sexualität. Den Rahmen dafür bilden nicht nur die Lehrpläne der Fächer Bildnerische Erziehung (Ö), Kunst (D) oder Bildnerisches Gestalten (CH), sondern auch Erlässe, Richtlinien und Rahmenlehrpläne für Sexualpädagogik. In Österreich ist dies der Grundsatzerlass zum Unterrichtsprinzip Sexualerziehung/Sexualpädagogik, der seit 1970 für alle Schultypen und Unterrichtsfächer gilt und 2015 grundlegend überarbeitet wurde (vgl. bmbf 2015). In Deutschland ist die Sexualerziehung in allen sechzehn Bundesländern Teil des Erziehungsauftrags der Schulen und über die Schulgesetze bzw. eigene Richtlinien geregelt (vgl. dazu BZgA 2004). In der Schweiz gibt es auf nationaler Ebene kein spezifisches Gesetz für die Sexualaufklärung, jedoch finden sich in den Bildungs- und Gesundheitsgesetzen verschiedener Kantone Bestimmungen zur schulischen Sexualaufklärung (vgl. Expertengruppe Sexualaufklärung 2017: 19-20). Für die Deutschschweiz bildet der *Lehrplan 21*, welcher Inhalte zur Sexualaufklärung umfasst, den Rahmen für die Akteur*innen im schulischen Bereich (vgl. ebd.: 28).

Die vorliegende Publikation lotet unter diesen Rahmenbedingungen das sexualpädagogische Potential von Kunstunterricht[1] aus: Wie kann eine Auseinandersetzung mit Bildern zu Lust und Begehren (fach-)didaktisch gestaltet werden? Welche Bilder eignen sich für eine reflexive Bearbeitung im Unterricht? Was brauchen (angehende) Lehrer*innen, um Sexualität und visuelle Kultur professionell und altersadäquat thematisieren zu können? Und welche Bedürfnisse artikulieren Schüler*innen hinsichtlich sexualitätsbezogener Themen im (Kunst-)Unterricht?

Die Publikation stellt Inhalte, Methoden, Materialien und Erfahrungen einer *Methodenwerkstatt* vor, die zum Ziel hatte, gemeinsam mit Schüler*innen und Lehramtsstudierenden Methoden zur reflexiven Auseinandersetzung mit Bildern zu erproben. In der vorliegenden Aufarbeitung dieser Methodenwerkstatt versuchen wir, Antworten auf die oben gestellten Fragen zu finden. Die vorgestellten Methoden und Bildersammlungen sind unserer Einschätzung nach

1 — Wir verwenden den Begriff Kunstunterricht für künstlerisch-gestalterische Unterrichtsfächer wie etwa Bildnerische Erziehung, Bildnerisches Gestalten oder Kunst.

für die Arbeit mit Oberstufenschüler*innen (ab 14 Jahren) sowie für (Lehramts-) Studierende geeignet.

Die Methodenwerkstatt fand im Rahmen des zweijährigen Forschungsprojekts *Imagining Desires* statt und verfolgte nicht nur das Ziel, Methoden zur Arbeit mit visuellem Material in Form von Bildern[2] zur erproben, sondern diese in der gemeinsamen Arbeit auch zu beforschen. Leitend war dabei folgende Frage: Welche bilderschließenden Methoden unterstützen ein differenziertes und normenkritisches Wahrnehmen von und Sprechen über Bilder, die Sexualität thematisieren?[3]

Das gemeinsame Beforschen wurde dabei in Form von fragengeleiteten Reflexionsprozessen angelegt, an denen alle Beteiligten teilnahmen und die in unterschiedlicher Form (schriftlich/mündlich, individuell/kollektiv) gestaltet und dokumentiert wurden. Die Ergebnisse dieser Prozesse bilden die Basis der vorliegenden Materialien.

Imagining Desires: Bilder beforschen – Begehren erkunden

Imagining Desires ist ein wissenschaftlich-künstlerisches Bildungs- und Forschungsprojekt, in dem Schüler*innen, Lehrer*innen, Lehramtsstudierende, Wissenschaftler*innen, Sexualpädagog*innen und Künstler*innen gemeinsam zu Fragen rund um Sexualität, visuelle Kultur und Pädagogik forschen. Es wurde im Rahmen des Programms *Sparkling Science* des österreichischen Bundesministerums für Bildung, Wissenschaft und Forschung gefördert (www.sparklingscience.at). Das teilpartizipative Projekt wurde zwischen September 2017 und September 2019 am Institut für das künstlerische Lehramt der Akademie der bildenden Künste Wien in Zusammenarbeit mit der *Fachstelle Selbstlaut*, dem Hernalser Gymnasium Geblergasse, der Neuen Mittelschule Sir-Karl-Popper Schule Schweglerstraße und anderen Kooperationspartner*innen durchgeführt. Weitere Informationen finden sich unter www.imaginingdesires.at.

2 – Wenn wir von Bildern sprechen, dann verstehen wir darunter komplex gestaltete optisch wahrnehmbare Phänomene (vgl. Bering 2017: 91, Niehoff 2017: 103). Wir verwenden diesen Begriff hier im pragmatischen Sinne für Reproduktionen von Darstellungen/ Objekten aus unterschiedlichen Bereichen wie etwa aus der Kunst, der Populärkultur, der Werbung usw.

3 – Diese forschungsleitende Frage wurde von uns als Leiterinnen in die Methodenwerkstatt eingebracht und später von Studierenden und Schüler*innen adaptiert. In einem gemeinsamen Entscheidungsprozess wurde die Frage auf Bilder, welche Lust und Begehren thematisieren, konkretisiert. Siehe dazu den Abschnitt 2 *Rahmenbedingungen der Methodenwerkstatt.*

Im folgenden 1. Abschnitt wird unsere sexual- und kunstpädagogische Verortung dargelegt. Im 2. Abschnitt werden die Rahmenbedingungen der Methodenwerkstatt vorgestellt. Abschnitt 3 und 4 zeigen, welche Vorbereitungen auf die themenspezifische Arbeit mit Bildern zu Lust und Begehren auf Seiten der Leiter*innen (z.B. Lehrer*innen, Ausbildner*innen) und der Teilnehmenden (etwa Schüler*innen oder Studierende) sinnvoll sein können. Im Abschnitt 5 und 6 reflektieren wir die Auswahl der Bilder sowie die Auswahl der Methoden und formulieren Empfehlungen und Anregungen für (Unterrichts-)Projekte mit ähnlichem Interesse. Der abschließende Abschnitt 7 richtet sich an jene Leser*innen, die Interesse an institutionsübergreifenden Kooperationen haben.

1. KUNST- UND SEXUALPÄDAGOGISCHE VERORTUNG

Die Methodenwerkstatt, die im Rahmen des zweijährigen Forschungsprojektes *Imagining Desires* stattfand, ist inhaltlich im Überlappungsbereich von Kunst- und Sexualpädagogik angesiedelt. Als Leiterinnen der Methodenwerkstatt war und ist uns eine Orientierung an kritischen Ansätzen in Bildung und Forschung wichtig. Das heißt, dass wir um machtsensible und diskriminierungsreflektierende Analysewerkzeuge und Handlungspraxen bemüht sind. Unser Zugang ist wesentlich, aber nicht ausschließlich, von Ansätzen in der Kunst- und Sexualpädagogik inspiriert, die eine solche kritische Perspektive einnehmen. Bei der Auswahl der bilderschließenden Methoden haben wir auch aus dem Repertoire des Ansatzes der *Bildorientierung*[4] geschöpft. Unter dem Anspruch, Bildlesekompetenz zu vermitteln, wurde ein breites Spektrum an didaktischen Methoden zur Arbeit mit Bildern entwickelt. Jedoch bietet dieser Ansatz wenig an, was als kritisch im oben genannten Sinn verstanden werden kann. Entsprechende Anknüpfungspunkte finden wir bei einer queeren Kunstpädagogik, wie sie etwa von Nana Lüth und Carmen Mörsch (2014) oder Bernadette Settele (2014) formuliert wurde. Diese hat das Anliegen, künstlerische Verfahren und pädagogische Haltungen miteinander zu verknüpfen, welche eine „anti-rassistische und anti-sexistische Agenda" (Lüth/Mörsch 2014: 188) teilen. Wir schätzen an diesem Ansatz, dass er die Arbeit an und in Widersprüchen sowohl in der Theoriebildung wie in der künstlerisch-pädagogischen Praxis zentral setzt und so Möglichkeitsräume für Uneindeutiges, Unbestimmtes und auch Unplanbares offenhält. Kunstpädagogik „*queer* […] zu denken"

4 — In der Kunstpädagogik im deutschsprachigen Raum gibt es verschiedene Positionen dazu, worauf Kunstunterricht fokussieren soll und was alles unter Bildern zu verstehen ist (vgl. Peez 2012). Auf diese nuancenreichen Debatten wollen wir jedoch an dieser Stelle nicht näher eingehen. Wir verfolgen stattdessen die Absicht, aufzuzeigen, dass der Überlappungsbereich von Kunst- und Sexualpädagogik von unterschiedlichen Positionen aus betreten werden kann. Dabei können die verschiedenen kunstpädagogischen Ansätze Unterschiedliches für die Bearbeitung dieses Feldes einbringen.

(Settele 2014: 310) verstehen wir mit den genannten Autor*innen als bewusste Hinwendung zu den Machtverhältnissen, die Pädagogik und Kunst durchziehen und an deren Hervorbringung diese Felder beteiligt sind. Diese Hinwendung verlangt demnach auch, Affekte, Begehren, Verletzlichkeiten und Widersprüche der Akteur*innen und ihre (emanzipatorischen) Anliegen in den Fokus zu rücken (vgl. Lüth/Mörsch ebd.). *Queering Art Education* entspricht uns auch deshalb, weil damit der Versuch verbunden ist, die gesellschaftstheoretischen Überlegungen, bei denen Anleihe genommen wird – rassismuskritische, queere, intersektional gedachte Positionen – an die unterschiedlichen Vermittlungskontexte und die Bedarfe der Adressat*innen anzupassen.

Neben Ansätzen aus der Kunstpädagogik haben wir uns auch von Konzepten aus der oder für die Sexualpädagogik inspirieren lassen. Orientierend sind dabei für uns das Konzept einer „Pädagogik vielfältiger Lebensweisen" (Hartmann 2004), Zugänge einer „Sexualpädagogik der Vielfalt" (Tuider u.a. 2012) sowie der Ansatz einer „nicht-diskriminierenden Sexualpädagogik" (Debus 2016). Diese Ansätze vertreten einen positiven, lustfreundlichen Zugang zu Sexualität und beziehen vielfältige Lebensrealitäten und Lebensweisen ein, ohne sie zu ‚besondern'. Ein lustfreundlicher und vielfaltsorientierter Zugang steht dabei nicht im Gegensatz dazu, auch Grenzüberschreitungen und Übergriffe sowie gesellschaftliche Machtverhältnisse besprech- und bearbeitbar zu machen. Vielmehr ist diese Kombination aus Lustfreundlichkeit und Machtreflexivität essentiell für die Prävention von sexualisierten Übergriffen und eine emanzipatorisch orientierte sexuelle Bildung (vgl. Dalhoff/Eder 2016).

2. RAHMENBEDINGUNGEN DER METHODENWERKSTATT

Zentrales Element der Methodenwerkstatt war die möglichst gleichberechtigte Zusammenarbeit von (Oberstufen-)Schüler*innen und (Lehramts-)Studierenden, die sich im Rahmen ihres Unterrichts der Bildnerischen Erziehung bzw. im Rahmen einer Lehrveranstaltung an der Methodenwerkstatt beteiligten.[5]

Diese Form der Zusammenarbeit sollte zum einen dazu beitragen, dass alle Beteiligten – anstatt den in Schulpraktika üblichen Rollen von Unterrichtspraktikant*innen und Schüler*innen – ein Rollenverständnis als Co-Forschende einnehmen. Zum anderen erwarteten wir uns durch das Zusammenbringen unterschiedlicher Interessen, Sichtweisen und Expertisen multi-perspektivische Rückmeldungen zu den beforschten bilderschließenden Methoden. Nicht zuletzt gingen wir auch von der Annahme aus, dass sowohl

---

5 – Teilgenommen haben elf Schüler*innen einer reformpädagogisch ausgerichteten Schule (16-17 Jahre alt) sowie sechs Studierende (altersgemischt zw. 20 und 40 Jahren) im Rahmen einer Lehrveranstaltung zu Professionalisierung als Teil ihrer pädagogischen Ausbildung im künstlerischen Lehramtsstudium.

Schüler*innen als auch Studierende Interesse an den Perspektiven der anderen haben könnten – insbesondere bezogen auf das Thema Sexualität.

Die Teilnehmer*innen wurden von uns bereits im Vorfeld darin unterstützt, ein Selbstverständnis als Co-Forschende zu entwickeln. Hilfreich war dabei, dass die Forschungsfrage nach den bilderschließenden Methoden sowohl für Schüler*innen wie auch für Studierende von persönlicher Relevanz war: Das Kennenlernen und Erproben von bilderschließenden Methoden war für die Schüler*innen mit Blick auf ihre Reifeprüfung von Interesse. Die Studierenden waren daran interessiert, sich fachdidaktische Methoden für ihre zukünftige Unterrichtspraxis anzueignen.

Abb. 2: Illustration einer Performance-Dokumentation von VALIE EXPORT 1968

Konzipiert und geleitet wurde die Methodenwerkstatt von Karla Schmutzer, Lehrerin für das Fach Bildnerische Erziehung in der Klasse der Oberstufen-Schüler*innen, und Marion Thuswald, Lehrende am Institut für das künstlerische Lehramt und Leiterin der Lehrveranstaltung, im Rahmen derer die Lehramtsstudierenden teilnahmen.[6] Die organisatorische Rahmung der Methodenwerkstatt erforderte es, viele konzeptionelle Entscheidungen bereits im Vorfeld ohne die Co-Forschenden zu treffen. Einbezogen wurden diese in die Entscheidung zum Themenschwerpunkt der gemeinsamen Arbeit.[7]

Für die Methodenwerkstatt standen vier Termine zu jeweils drei Stunden zur Verfügung (siehe dazu auch **ABLAUF DER METHODENWERKSTATT** S. 46). Vor dem Einstieg in die gemeinsame Arbeit mit bilderschließenden Methoden fand eine getrennte Vorbereitung auf das Thema der Bilder – weitgefasst als Sexualität benannt – statt.[8]

6 – Zu forschungsdidaktischen Überlegungen im Projekt *Imagining Desires* und dem Forschen lernen im künstlerischen Lehramtsstudium siehe Sattler/Thuswald 2019; zu Fragen partizipativer Forschung vgl. Unger 2014.

7 – Partizipative Forschung sollte den Anspruch verfolgen, dass alle an der Forschung beteiligten Personen freiwillig und möglichst gleichberechtigt teilnehmen können. Nach Hella von Unger besteht diese Forschungsweise nicht nur in einer partnerschaftlichen Kollaboration zwischen Wissenschaftler*innen und gesellschaftlichen Akteur*innen, sondern zudem in einer Verknüpfung von Untersuchung und Intervention (vgl. Unger 2014: S. 2). Da für die vorgestellte Methodenwerkstatt Freiwilligkeit nur bedingt gegeben war (Schüler*innen und Studierende waren zumindest zur Anwesenheit verpflichtet) und Ausrichtung und Umsetzung der gemeinsamen Forschungsarbeit weitgehend von uns als Leiterinnen festgelegt wurden, können wir höchstens von einem teil-partizipativen Forschungsprojekt sprechen. Ein gelungenes Beispiel für eine Forschung, bei dem Partizipation im oben dargestellten Sinn realisiert werden konnte, stellt das Forschungsstudio *Jugendcorner* dar, das in die Ausstellung *Black Excellence* mündet und ebenfalls Teil des Bildungs- und Forschungsprojekts *Imagining Desires* ist. Online dokumentiert unter: www.imaginingdesires.at/ausstellung-black-excellence.

8 – Dass der thematische Einstieg getrennt stattfand, hatte organisatorische Gründe. Im Nachhinein sehen wir es für die Schüler*innen auch als Vorteil an, dass sie sich bei *Selbstlaut* auf das Thema konzentrieren konnten und nicht gleichzeitig noch das Kennenlernen der Studierenden hinzu kam.

Die Co-Forschenden lernten sich beim ersten Arbeitstreffen im Rahmen der Ausstellung *Magic Circle* im Kunstraum Niederösterreich[9] kennen (Näheres dazu siehe Abschnitt 4 sowie die Methode **KENNENLERNEN IN EINER AUSSTELLUNG** S. 48). Im Rahmen dieses ersten gemeinsamen Arbeitstreffens präsentierten wir der Gruppe auch das Vorhaben der Methodenwerkstatt und stellten mögliche thematische Foki zur Auswahl. Aufgrund des Interesses der Co-Forschenden wurde die Forschungsfrage auf Bilder zu *Lust und Begehren* fokussiert und lautet demnach: Welche bilderschließenden Methoden unterstützen ein differenziertes und normenkritisches Wahrnehmen und Sprechen über Bilder, die *Lust und Begehren* thematisieren? Die anderen von uns vorgeschlagenen Themen – Körperbehaarung, Geschlechtervielfalt, intime Beziehungen und Küssen – trafen auf weniger Interesse bei den Oberstufenschüler*innen und Studierenden.[10]

Die zwei anschließenden Treffen wurden in den Räumen der Schule abgehalten. Die letzte Einheit fand an der Ausbildungsstätte der Studierenden, dem Institut für das künstlerische Lehramt der Akademie der bildenden Künste Wien, statt.

3. VORBEREITUNG DER LEITENDEN PERSONEN

Die von uns geleitete Methodenwerkstatt *Bilder zu Lust und Begehren bearbeiten* war Teil des Bildungs- und Forschungsprojekts *Imagining Desires*, im Rahmen dessen Projektbesprechungen, Reflexionstreffen und Fortbildungs-Workshops stattfanden.[11] Unsere Arbeit war also in die inhaltliche Auseinandersetzung innerhalb eines größeren Themenkomplexes und eines interdisziplinär und multiprofessionell zusammengesetzten Teams eingebunden. Schwerpunkte dieser Projekttreffen, Workshops und öffentlichen Vorträge

---

9 – Ausstellungsbeschreibung online unter: http://www.kunstraum.net/de/ausstellungen/39-magic-circle. [21.01.2019] Die Kunstvermittlerin Sissi Makovec gab der Gruppe zu Beginn eine Einführung. Die restliche Zeit im Museum wurde von den beiden Forschungsstudio-Leiterinnen gestaltet.

10 – Die Vorauswahl der Themen basierte auf Beobachtungen, die in der ersten Phase des Forschungsprojekts – den Bilderworkshops mit Unterstufenschüler*innen – gemacht wurden. Diese Themenbereiche wurden dabei von Schüler*innen dieser Altersstufe häufig zum Thema gemacht.

11 – Die öffentlichen Veranstaltungen, die im Rahmen oder in Anbindungen an das Projekt organisiert wurden, sind auf der Projekt-Website unter „Einblicke“ dokumentiert: www.imaginingdesires.at. Eingeladen waren etwa Hella von Unger zu partizipativer Forschung und Forschungsethik, Jutta Hartmann zu heteronormativitätskritischer Bildungsarbeit, Maureen Maisha Auma zu sexualpädagogischem Empowerment für Schwarze Menschen and People of Color sowie Elisabeth Löffler zu körperorientierten mixed-abled Zugängen und der Diskriminierung von behinderten Menschen.

waren etwa Fragen zu heteronormativitäts- und rassismuskritischen Repräsentationen (etwa anhand von Textauszügen aus Johannas Schaffers Buch „Ambivalenzen der Sichtbarkeit", 2008) sowie zu vielfaltsorientierten bzw. intersektionalen Perspektiven in der Kunst- und Sexualpädagogik (vgl. etwa Texte von Hartmann 2004, Busche u.a. 2019, Schmutzer 2016, Debus 2016). Solche Räume des Austausches sind im (hoch)schulischen Alltag nicht selbstverständlich. Zudem bekommen angehende Lehrer*innen in ihrem Studium nur selten sexualpädagogisches Wissen vermittelt bzw. haben zumeist keine Gelegenheit, die pädagogische Arbeit zu sexuellen Themen begleitet zu erproben. Auch die Auseinandersetzung mit theoretischen Konzepten wie Intersektionalität, Heteronormativität oder Critical Diversity sowie die Beschäftigung mit Ansätzen anti-diskriminierender Bildungsarbeit sind kein selbstverständlicher Teil von Lehramtsstudien oder Fortbildungsveranstaltungen.

Aus diesem Grund stellen wir hier Möglichkeiten vor, sich auf die Arbeit zu sexualitätsbezogenen Fragen vorzubereiten und diese mit Positionen einer diskriminierungskritischen Pädagogik zu verknüpfen:

Vorschläge

Sich mit Texten Orientierung verschaffen

Als Einstiegstext empfehlen wir einen Text von Katharina Debus zu „Nicht-diskriminierender Sexualpädagogik" (Debus 2016). Dieser beschreibt programmatische Grundlagen sowie wichtige Begriffe einer Sexualpädagogik, die an Antidiskriminierung orientiert ist, in gut verständlicher Weise. Auch die Texte in dem Sammelband „teaching desires. Möglichkeitsräume sexueller Bildung im künstlerisch-gestalterischen Unterricht" (Thuswald/Sattler 2016) können bei der Vorbereitung hilfreich sein, weil sie sowohl theoretische Zugänge vorstellen als auch praktische Erfahrungen reflektieren. Weitere Literatur, Glossare mit Begriffserklärungen sowie Videos, die auch in der Arbeit mit Schüler*innen eingesetzt werden können, finden sich in der Materialliste auf S. 92.

Erfahrungsaustausch mit Kolleg*innen und Freund*innen suchen

Eine weitere Möglichkeit, sich auf das Sprechen über sexualitätsbezogene Themen vorzubereiten, ist es, das Gespräch mit Freund*innen, Kolleg*innen etc. zu suchen und sich etwa über die (familiäre, schulische, sonstige) Sexualerziehung in der eigenen Kindheit und Jugend auszutauschen: Welche Themen wurden wie besprochen –

oder auch nicht? Wer waren in dieser Zeit Ansprechpartner*innen für Fragen rund um Körper, Beziehungen und Sexualität? Was wäre in dieser Zeit unterstützend gewesen? Es kann auch hilfreich sein, bei Kolleg*innen nachzufragen, welche Erfahrungen sie mit geplant oder ungeplant auftauchenden sexualitätsbezogenen Fragen oder Kommentaren im Unterricht haben. Es empfiehlt sich auch zu überlegen, mit wem Sie sich über Ihren Unterricht/Ihr Projekt austauschen können und ob Sie Supervisions- oder Intervisionsangebote für Lehrer*innen nutzen wollen.

Sich über unterstützende Beratungsangebote informieren

Neben Kolleg*innen, die unterstützend sein können, kann es auch hilfreich sein, sich im Vorfeld darüber zu informieren, wo Sie sich professionelle Unterstützung holen können bzw. wohin Sie Schüler*innen zur Beratung schicken können. Wenn Sie sexuell konnotierte Themen im Unterricht aufgreifen und die Schüler*innen Sie dabei als vertrauensvolle Lehrperson erleben, kann es sein, dass diese Ihnen Erfahrungen von Grenzverletzungen oder Übergriffen erzählen; also etwa übergriffiges Verhalten von anderen Lehrpersonen, Mitschüler*innen oder auch außerschulischen Bezugspersonen. Dies ist grundsätzlich ein gutes Zeichen, weil es zeigt, dass es Ihnen gelungen ist, einen Raum zu eröffnen, indem solche schwierigen Themen angesprochen werden können. Wenn Sie erfahren, dass ein*e Schüler*in in einer belastenden Situation ist und gewaltvolle Erfahrungen macht oder machen musste, entsteht vermutlich auch bei Ihnen Betroffenheit. Das kann sehr herausfordernd sein. Wichtig ist: Nehmen Sie die erzählten Erfahrungen ernst und je nachdem was passend ist, drücken Sie Ihr Mitgefühl aus oder sagen Sie den Schüler*innen, dass dieses grenzüberschreitende Verhalten nicht in Ordnung ist, auch wenn es leider vorkommt. Bevor Sie weitere Schritte unternehmen, suchen Sie sich Beratung und Unterstützung, etwa bei Beratungsstellen in ihrem Bundesland. Unabhängig davon, ob Sie alleine oder in einem Team arbeiten: Niemand muss die oben angesprochenen Herausforderungen alleine angehen. Nähere Informationen zum Umgang mit erzählten Übergriffen oder dem Verdacht auf sexualisierte Gewalt bei Schüler*innen finden Sie etwa unter www.selbstlaut.org, z.B. die Broschüre „Handlung, Spiel & Räume" (2014).

Es können auch andere Themen auftauchen, zu denen Schüler*innen Information oder Beratung brauchen. Eventuell können Materialien der Bundeszentrale für gesundheitliche Aufklärung in Deutschland (www.bzga.de) oder der Jugendinfos Österreich (www.jugendinfo.at) hilfreich sein.

4. ANNÄHERUNGEN DER TEILNEHMENDEN AN INHALTE UND BEGRIFFE

Als Leiterinnen der Methodenwerkstatt, die gleichzeitig Lehrerin der teilnehmenden Schüler*innengruppe und Lehrende am Institut für das künstlerische Lehramt waren, wussten wir in etwa, welche Vorkenntnisse die Teilnehmenden mitbringen würden. Die Schüler*innengruppe hatte sich bereits in den Wochen vor Projektbeginn mit formaler Bildanalyse befasst. Die Studierendengruppe – bestehend aus Personen am Beginn sowie am Ende des Studiums – kannten geschlechterreflexive sowie rassismuskritische Zugänge aus Lehrveranstaltungen und brachten teilweise auch bildanalytisches und kunsthistorisches Wissen mit.[12]

Die Schüler*innen besuchten vorbereitend einen von Sexualpädagog*innen geleiteten Workshop in der interaktiven Ausstellung „Ganz schön intim" der *Fachstelle Selbstlaut – Gegen sexualisierte Gewalt an Kindern und Jugendlichen*[13]. Dort hatten sie die Gelegenheit, von externen Expert*innen begleitet, Fragen rund um Sexualität zu stellen und in der Peergroup zu besprechen. Zudem bot die Ausstellung vielfältiges visuelles wie auch haptisches und akustisches Material zur Auseinandersetzung mit Sexualität in weitem Sinne.[14] Besonders wichtig war der Schüler*innengruppe, auch ohne die Anwesenheit von Lehrpersonen über sexuelle Themen zu sprechen.

Die Studierenden bereiteten sich in einer Lehrveranstaltungseinheit auf das Thema der Zusammenarbeit vor: Ausgangspunkt der Auseinandersetzung war ein Fragebogen rund um Sexualität und vielfältige geschlechtliche und sexuelle Lebensweisen, der zunächst in Kleingruppen bearbeitet und dann im Plenum ausführlich nachbesprochen wurde, wobei die Studierenden ergänzende Fragen aufwarfen und ihr sexualitätsbezogenes Wissen einbrachten.

Als Ort für die erste Begegnung der Schüler*innen und Studierenden wählten wir eine Ausstellung im Kunstraum Niederösterreich. Dabei wollten wir insbesondere anhand von originalen Artefakten in ein Sprechen über visuelles

---

12 – Dazu ist zu ergänzen, dass Intersektionalität und machtreflexive Perspektiven in den Studienplänen am Institut für das künstlerische Lehramt verhältnismäßig prominent vertreten sind (vgl. IKL 2017) und sich tatsächlich auch Lehrveranstaltungsangebote finden, die solche Perspektiven zum Thema machen. Insbesondere Geschlecht(ernormen) und Begehren sind zudem Themen, die auch in künstlerischen und gestalterischen Arbeiten von Studierenden am Institut für das künstlerische Lehramt immer wieder thematisiert werden.

13 – Die Fachstelle ist ein Kooperationspartner im Projekt *Imagining Desires*. Infos zur Ausstellung finden sich unter: https://selbstlaut.org/ausstellung/.

14 – Beim Thema Sexualität sind wir davon ausgegangen, dass die Teilnehmenden sehr unterschiedliche Vorstellungen davon haben, was alles unter Sexualität zu verstehen sei. Wir wollten mit einem breiten Verständnis von Sexualität arbeiten, welches nicht nur Sex, Fortpflanzung und Erkrankungsrisiken umfasst, sondern auch die sozialen und emotionalen und Aspekte von Sexualität in den Fokus rückt.

Material kommen. Anders als bei der Arbeit mit bildlichen Reproduktionen konnten die künstlerischen Arbeiten so in ihren Dimensionen, ihrer Materialität, ihrem Display, ihrem Zusammenspiel mit anderen gezeigten Werken u.a.m. erfasst werden.

Inhaltlich bezog sich die Ausstellung auf das gegenwärtige feministische Interesse an der Figur der Hexe. Bezüge zu Körper, Sexualität und Begehren konnten durchaus hergestellt werden, drängten sich aber auch nicht auf. Darüber hinaus gab es einige Arbeiten, die sich als künstlerische Strategie mit formaler Bildanalyse und der Idee eines Bilderatlas (siehe dazu Methodenbeschreibung **BILDERNETZE ERSTELLEN** S. 84) beschäftigten und anhand derer wir in ein Sprechen über bilderschließende Methoden einsteigen konnten (siehe dazu Methodenbeschreibung **BILDANALYSE ALS KÜNSTLERISCHE STRATEGIE** S. 52).

Ich fand es extrem schön, dass wir uns im Kunstraum Niederösterreich zum ersten Mal getroffen haben – so ein bisschen auf neutralem Boden und auch im Kontext einer Ausstellung. So konnten wir uns einmal über andere Themen aneinander annähern, bevor wir so in das Ganze reingegangen sind. Das fand ich sehr angenehm, weil es dadurch gleich locker und kommunikativ war. Ich weiß nicht, ob das so gewesen wäre, wenn wir als erstes in die Schule gekommen wären.

Studierende in der Abschlussdiskussion

Ich finde die Reihenfolge der Ausflüge gut, also Selbstlaut als Erstes, dann der Kunstraum Niederösterreich und dann in der Schule. Irgendwie hat Selbstlaut uns ein bisschen die Tür geöffnet, dann war die Ausstellung, da konnte man sozusagen mit einem neuen Mindset reingehen und mehr sehen und dann konnte man halt auch darüber reden.

Schüler*in in der Abschlussdiskussion[15]

---

15 – Die teilnehmenden Studierenden waren alle als Frauen identifiziert, weshalb wir in der Einzahl die weibliche Form verwenden. Unter den Schüler*innen gab es sowohl weiblich als auch männlich identifizierte Jugendliche. Aus Gründen der Anonymisierung der Aussagen benutzen wir in der Einzahl eine geschlechtsneutrale Formulierung.

Rückblickend stellen wir fest, dass wir es verabsäumt haben, ein gemeinsames begriffliches Instrumentarium zu etablieren; sowohl bezogen auf die bilderschließenden Zugänge als auch hinsichtlich einer nicht-diskriminierenden Sprache. Wir haben stark auf den offenen und wertschätzenden Umgang und das vielfältige Wissens- und Erfahrungsspektrum aller Teilnehmenden vertraut, was in unserer Gruppe – so der vorrangige Eindruck – funktioniert hat. Möglicherweise sind dennoch auch Hürden und Missverständnisse entstanden, die auf Unverständnis oder fehlenden Ausdrucksmöglichkeiten basierten.

Hilfreich sowohl für die Teilnehmenden als auch für uns als Leiterinnen war es jedenfalls, vor der gemeinsamen Arbeit mit den Bildern, beiden teilnehmenden Gruppen die Möglichkeit zu geben, durch einen sexualpädagogischen Workshop ins Thema einzusteigen und ins Sprechen über Körper und Sexualität zu kommen.

Vorschläge

Workshops mit externen Sexualpädagog*innen ermöglichen

Eine gute Möglichkeit könnte sein, vorbereitend einen Workshop mit schulexternen Sexualpädagog*innen zu organisieren.[16] Vielleicht gibt es auch schulinterne Personen, die auf die sexualpädagogische Arbeit mit Schüler*innen spezialisiert sind.

Altersgerechtes Material von Expert*innen anbieten

Wenn dies nicht möglich ist, lassen sich auch andere Formen des Einstiegs finden, wie z.B. kurze Videos oder auch Übungen, die die Teilnehmer*innen dabei unterstützen, in lustvoller oder humorvoller Weise ins Sprechen über sexuelle Themen zu kommen (siehe Materialliste S. 92).

Nicht statt, aber zusätzlich zu der beschriebenen Vorbereitung können Sie Ihren Schüler*innen auch Informationsbroschüren austeilen, die Sie etwa bei den Jugendinfos in Österreich oder bei der Bundeszentrale für gesundheitliche Aufklärung in Deutschland kostenlos oder kostengünstig bestellen können.

---

16 – Die Fachstelle *Selbstlaut* hat eine Linkliste mit Vereinen und Fachstellen zusammengestellt: https://selbstlaut.org/literatur-und-links/links/ [30.07.2019]

Begriffliches Werkzeug erarbeiten

In jeder Gruppe gibt es Menschen, die Diskriminierungserfahrungen machen, in dem beispielsweise ihre soziale Herkunft, ihre Körper, ihre Fähigkeiten, ihr Geschlecht, ihre sexuelle Orientierung oder ihre natio-ethno-kulturelle Zugehörigkeit[17] als von der jeweiligen Norm abweichend und als minderwertig beurteilt werden. Manche Wörter oder Redewendungen scheinen so normal, dass Schüler*innen oder Studierende häufig argumentieren, sie ohne bestimmte beleidigende Absicht geäußert zu haben. Hier können Sie ansetzen, indem Sie Informationen dazu anbieten, warum bestimmte Formulierungen unangebracht sind, weil sie diskriminierende Machtverhältnisse reproduzieren und verletzend sein können. Wenn sich zeigt, dass den Beteiligten ein bestimmtes Vokabular fehlt, z.B. zum Sprechen über sexuelle Vielfalt, über Körper, über Begriffe wie sexy/sexuell/sexistisch oder ähnliches, kann es sinnvoll sein, vorbereitend oder als Teil des Projekts Angebote zu setzen, damit Teilnehmende die Möglichkeit haben, sich eine nicht-diskriminierende Sprache anzueignen.[18] Wenn Sie den Eindruck gewinnen, jemand verwendet gezielt bestimmte Wörter oder Formulierungen, um andere zu beschämen und abzuwerten, ist es notwendig, klare Grenzen zu setzen – wie bei anderem gewaltvollen Verhalten auch.

Strukturen und Regeln für die Wahrung von Privatsphäre etablieren

Wenn Sie an der eigenen Schule sexualpädagogisch arbeiten, ist es besonders wichtig, über die Gestaltung des Rahmens und Intimitätsschutz nachzudenken. Auch wenn die Methoden nicht den Fokus darauf legen, dass die Teilnehmenden Privates teilen, empfehlen wir, Regeln zu etablieren, die die Privatsphäre der Schüler*innen wahren (siehe dazu auch die Methode **BILDER SAMMELN**, S. 80).

---

17 – Der Begriff natio-ethno-kulturelle Ordnung bzw. Zugehörigkeit wurde von Paul Mecheril geprägt (vgl. etwa Mercheril 2003).

18 – Methoden und Materialsammlungen hierfür bietet etwa Dissens e.V. Diese Methoden wurden in der pädagogischen Praxis zu den Themenfeldern „Interventionen für geschlechtliche und sexuelle Vielfalt“ sowie „Vielfalt_Macht_Schule“ erprobt und sind online gut dokumentiert. Eine weitere didaktisch gut aufbereite Materialsammlung zur Sensibilisierung für Diskriminierungs- und Machtverhältnisse mit Fokus auf sprachlichem Handeln ist die Toolbox „Verletzende Sprache angehen!“, die unter der Leitung von Marty Huber entwickelt wurde. „Sichtbar sein“, ein Musikvideo von Pink Stinks e.V. kann ein guter Einstieg ins Thema geschlechtergerechte Sprache sein. Alle genannten Materialien finden sich in unserem Materialverzeichnis.

5. AUSWAHL DER BILDER

Wir als Leiterinnen übernahmen die Aufgabe, eine erste Auswahl an Bildern zum gewählten Themenschwerpunkt Lust und Begehren zusammenzustellen, die später von den Schüler*innen und Studierenden erweitert wurde.[19]

Als Leiterinnen hatten wir mehrere Ansprüche an den Bilderpool: Das Bildmaterial sollte vielfältig in Bezug auf seinen Entstehungs- und Verwendungskontext sein. Wir entschieden uns deshalb dafür, Bilder aus vier Bereichen zu sammeln: jeweils etwa acht Bilder aus Kunst, Werbung, Alltags- und Populärkultur sowie Sexualpädagogik. Dass manche der Bilder diese ‚Genre-Grenzen' sprengten, merkten wir dann während der Arbeit.

Die Bilder sollten unserem Anspruch nach so gestaltet sein, dass sie dazu einladen oder auch herausfordern, einen zweiten und auch dritten Blick auf sie zu werfen und eine Diskussion über ihre Gestaltung, ihre Inhalte und mögliche Deutungen anzuregen. Zudem wollten wir auch Bilder im Pool haben, die Darstellungskonventionen, Sehgewohnheiten und Normen zu Lust und Begehren durchkreuzen (zum Begriff des „Durchkreuzens" vgl. Schmutzer 2016) und einen Austausch über scheinbare Binaritäten wie männlich-weiblich, heterosexuell-homosexuell und unterschiedliche Perspektiven provozieren. Die Suche nach solchen Bildern stellte sich – insbesondere in der kurzen Zeit – als gar nicht so einfach heraus. Vor allem die Kunstpädagogin in unserem Team kämpfte damit, sich von der Vorstellung eines Kanons (Bilder die wir unbedingt kennen und besprechen müssen) wieder einmal zu verabschieden. Jede Auswahl schien angesichts der Fülle an Bildmaterial, das u.a. im Internet zur Verfügung steht, zum einen beliebig, zum anderen bestätigte sich die These, dass Bilder, die den oben skizzierten Ansprüchen entsprechen (und zu unserem Thema sowie den vier Genres passen), nicht so leicht zu finden sind. Die Bildersuche konfrontierte uns auch mit unserer eigenen Positioniertheit und dem damit verbundenen eingeschränkten Blick, wie uns Kolleg*innen im Forschungsprojekt und Teilnehmer*innen der Methodenwerkstatt rückgemeldet haben (siehe unten). Im Auswahlprozess zeigte sich auch, dass wir als Leiterinnen uns teilweise nicht einig waren, ob ein Bild zum Thema Lust und Begehren passend sei oder nicht, was zu Gesprächen über unsere Verständnisse von Lust und Begehren führte.

Im Versuch, dem Vorschlag von Jutta Hartmann nachzukommen „Vielfalt von der Vielfalt aus zu denken" (vgl. 2004: 69, Busche/Hartmann u.a. 2019: 184f.) suchten wir nach einer Bandbreite an Bildern hinsichtlich folgender Kriterien:

- Wir konzentrierten uns auf Bilder aus den Bereichen Kunst, Werbung, aktueller Alltags- und Popularkultur sowie Sexualpädagogik.
- Die Bilder sollten hinsichtlich ihrer künstlerischen bzw. ästhetischen Stile

Abb. 3: Illustration eines Werbesujets für Parfüm

19 – Herausfordernd war für uns, dass wir zwischen dem ersten und zweiten Arbeitstreffen nur eine Woche Zeit hatten, einen Bilderpool zusammenzustellen, der unseren Vorstellungen entsprach.

vielfältig sein (Fotografie, Malerei, Zeichnung…). Wir entschieden uns trotz der angestrebten Vielfalt überwiegend für Zeitgenössisches und nur für wenige historische Arbeiten. Ebenso ist die Mehrzahl der ausgewählten Arbeiten im europäischen und US-amerikanischen Raum verortet.

- Zudem sollten die Bilder unterschiedliche Zugänge zu und verschiedene Aspekte von Lust und Begehren zeigen. So sollte Lust nicht ausschließlich sexuell verstanden werden, sondern etwa auch Lust am Essen (Werbesujet für vegane Fruchtgummis), Lust am eigenen Körper/Bewegung (Werbesujet für ein Kreditunternehmen) und Lust an Dingen (Fotografie „Carl" von Jakob Lena Knebl) inkludiert werden. Hinsichtlich des Zugangs zu Begehren finden sich etwa Bilder, auf denen das Begehren der abgebildeten Personen wahrnehmbar ist (Fotografien aus dem sexualpädagogischen Buch „Make Love"), während andere stärker auf der Evozierung von Begehren bei den Betrachtenden abzielen (Gemälde von Jean A.D. Ingres „Grande Odalisque"). Wieder andere thematisieren Begehren in reflexiver, kritischer Weise (Instagram-Post von Arivda Byström, Fotodokumentation der Aktion „Tapp- und Tastkino" von VALIE EXPORT).
- Unser Ziel war es, Bilder zu finden, die auch hinsichtlich der abgebildeten Personen und ihrer Körper vielfältig sind, etwa im Hinblick auf *race*, Schönheitsnormen oder Geschlechternormen. Außerdem wählten wir Bilder, auf denen verschiedene Begehrensweisen und sexuelle Orientierungen sichtbar werden; also neben Paaren, die als heterosexuell lesbar sind etwa auch gleichgeschlechtliche Paare, Personen die als nicht-binär oder geschlechtlich uneindeutig lesbar sind, sowie solche Bilder, die Solosex und lustvolle Situationen zu mehrt thematisieren.

SPANNEND WAR FÜR MICH …

…die Assoziationen und die Diskussionen in der Gruppe. Die Denkanstöße, die das Bild gegeben hat z.B. zu Haaren an Frauenbeinen.

(Schüler*in)

…über das Bild zu reden, aber auch ein bisschen abzuschweifen und über z.B. Schminken, Behaarung, Gender zu reden, dabei aber schon im Rahmen des Bildes.

(Schüler*in)

- Unser Anspruch war es auch, anerkennende Repräsentationen von Personengruppen anzubieten, die gesellschaftlich minorisiert werden bzw. von Diskriminierung betroffen sind (vgl. dazu Schaffer 2008). Geleitet wurden wir dabei von dem Bemühen, letztgenannte Darstellungen nicht zu ‚besonderen' Bildern zu erklären: Normvorstellungen beruhen auf der Abgrenzung von dem, was als ‚das Andere' markiert wird. Deswegen haben wir versucht, das Bildmaterial quantitativ und qualitativ so zu wählen, dass eine Aufspaltung in Norm und Abweichung schwieriger wird, ohne ausschließen zu können, dass die Personen, die mit dem Bilderpool arbeiten, diese Trennung suchen und vollziehen.

Einige Schüler*innen meldeten uns zurück, sie hätten sich beim Thema Lust und Begehren expliziteres – nämlich auch pornografisches – Bildmaterial erwartet. Erst im Austausch über diese Rückmeldung wurde uns klar, dass unsere Auswahl neben den Kriterien, die wir explizit für uns formuliert hatten, auch noch von anderen Überlegungen geprägt war: Da wir über mehrere Einheiten mit den Bilderpools arbeiten wollten, haben wir Bilder vermieden, von denen wir vermuteten, dass sie möglicherweise sehr starke Emotionen auslösen würden, die im Sinne unserer Intentionen jedoch nicht produktiv sein könnten. Wir entschieden uns auch – mehr intuitiv als absichtsvoll – gegen sehr explizit sexuelle Bilder. Zum einen war die Entscheidung wohl davon geprägt, dass wir uns nicht in rechtliche Grauzonen[20] begeben wollten. Zum anderen schienen uns diese Bilder auch ‚zu nahe', ‚zu intim' und damit unpassend für die Auseinandersetzung über mehrere Einheiten in Gruppensituationen.

Mir stellt sich nach wie vor die Frage, warum wir Lust und Begehren vorrangig mit dem menschlichen Körper in Beziehung setzen und ob es nicht wünschenswert wäre, gerade unter dem Titel *Imagining Desires* auch verborgene/andere/nicht-konventionelle Sehnsüchte und Wünsche zu thematisieren bzw. gemeinsam zu imaginieren, welche Bilder vielleicht noch fehlen.

(Studierende)

20 – Welches Material als unangemessen bzw. pornografisch gilt und damit nicht zu Bildungszwecken eingesetzt werden kann, regelt in Österreich einerseits das Pornographiegesetz (Bundesgesetz) und andererseits die Landesjugendschutzgesetze. „Es ist verboten, pornografisches Material an unter 16-Jährige anzubieten, zu zeigen, zu überlassen oder zugänglich zu machen. Dies, weil Kinder und Jugendliche unter 16 Jahren davor geschützt werden sollen, mit pornografischen Darstellungen in Kontakt zu kommen. Zwischen 16 und 18 Jahren gelten jeweils die Bestimmungen des Jugendschutzgesetzes des Bundeslandes in dem man sich befindet. Dabei gibt es kleine Unterschiede, aber im Allgemeinen darf auch unter 18-Jährigen keine Pornografie zugänglich gemacht werden. Pornographie ist für Erwachsene (also für über 18-Jährige) bestimmt" (vgl. Lil*, o.J.) Der Duden definiert Pornografie als „[...] sprachliche, bildliche Darstellung sexueller Akte unter einseitiger Betonung des genitalen Bereichs und unter Ausklammerung der psychischen und partnerschaftlichen Aspekte der Sexualität" https://www.duden.de/rechtschreibung/Pornografie. [14.01.2019]

Studierende

Welche Bilder hättest du erwartet, die nicht dabei sind?

Schüler*in

Lustig ist, dass nichts aus einem Porno dabei ist.

Aber das dürfen sie nicht. Sie dürfen nichts aus Pornos nehmen [...]

Wieso nicht?

Schulgesetz. Man darf keine Pornographie mit in die Schule nehmen.

Okay.

Aber vom Thema her hätt ich jetzt erwartet, dass da schon noch irgendetwas Übersexualisiertes kommt.

Abschlussdiskussion

Unsere Auswahl war also sicherlich auch davon geprägt, mit welchen Bildern wir uns selbst wohl fühlten.

Während wir von Schüler*innen die Rückmeldung erhielten, sie hätten expliziteres Bildmaterial erwartet, meldeten uns einige Lehramtsstudierende, Lehrer*innen und Personen, die in der Lehrer*innenbildung tätig sind, zurück, die Bildersammlung wäre insgesamt zu explizit und es gäbe zu wenig Bilder, die sexuelle Inhalte auf subtilere oder weniger eindeutige Art und Weise abbilden.

Von den Studierenden kam auch die Rückmeldung, dass die meisten Körper auf den von uns ausgewählten Bildern gängigen Schönheitsnormen entsprechen und die Bilder in dieser Hinsicht nicht sehr vielfältig sind. Zudem wurde kritisiert, dass die Bilder überwiegend Menschen abbilden, während

Lust und Begehren auch in anderer Form abgebildet werden könnte, wie etwa in Landschaften, Dingen oder in abstrakter Form. Von Kolleg*innen aus dem Projektteam erhielten wir die Rückmeldung, dass die abgebildeten Personen mehrheitlich weiß sind und keine Personen mit sichtbaren Behinderungen vorkommen.

Diese konstruktiven Kritiken verdeutlichen, dass es hilfreich ist, gesammeltes Bildmaterial immer wieder in heterogenen Teams zur Diskussion zu stellen und weiterzuentwickeln. Die Erfahrungen, die wir daraus ziehen konnten, haben wir nochmals in den folgenden Vorschlägen zusammengefasst.

Interessen der Zielgruppe berücksichtigen
Es ist sinnvoll, wenn Sie die Adressat*innen Ihrer pädagogischen Arbeit in die inhaltliche Fokussierung der Bildauswahl einbeziehen. So erhöhen Sie die Wahrscheinlichkeit, dass das besprochen/bearbeitet wird, was diese interessiert bzw. was sie wichtig finden. Bei der Auswahl der Bilder ist es wichtig, darauf zu achten, dass potentiell allen Beteiligten durch die Bilder Identifizierung- bzw. Bezugsmöglichkeiten angeboten werden.

Kollegiale Rückmeldungen einholen
Sie können Kolleg*innen, Schüler*innen oder andere Personen um Rückmeldungen zu Ihrer Bildersammlung bitten und dabei versuchen, möglichst unterschiedliche Blickwinkel einzubeziehen. Um möglichst diverse Bilder zur Verfügung stellen, die auch marginalisierte Subjektpositionen anerkennend repräsentieren, ist es hilfreich, Personen um Rückmeldung bzw. um Bilder zu bitten, die gesellschaftlich anders positioniert sind als Sie selbst z.B. hinsichtlich ihrer Privilegierungs- und Diskriminierungserfahrungen, etwa in Bezug auf ihre soziokulturelle Herkunft, Religion, sexuelle Orientierung, (Nicht-)Behinderung etc. Suchen lässt sich auch nach selbstbestimmten Repräsentationen von Personen(gruppen), die in der dominanten Bilderwelt zu Lust und Begehren unterrepräsentiert sind, z.B. etwa Bilder von Künstler*innen of Color oder queeren Künstler*innen u.ä.m.

Argumentationsstrategien überlegen

Für den Fall, dass es notwendig ist, gegenüber (Fach-)Kolleg*innen, Vorgesetzten oder Eltern die Bearbeitung von Bildern zu Lust und Begehren explizit zu legitimieren, kann es hilfreich sein, die gesetzlichen Grundlagen Ihrer Arbeit zu erklären: Sexualpädagogik ist in Österreich ein Unterrichtsprinzip und soll somit in allen Fächern und Altersstufen berücksichtigt werden. Die Grundlagen und Ziele von Sexualerziehung werden in Österreich im Grundsatzerlass Sexualpädagogik formuliert (bmbf 2015). Der aktuelle Grundsatzerlass bezieht sich u.a. auf die Richtlinien zu Sexualaufklärung, die von der Weltgesundheits-Organisation (WHO) in Zusammenarbeit mit der deutschen Bundeszentrale für gesundheitliche Aufklärung (BZgA) erstellt wurden (WHO / BZgA 2010) und vertritt eine sex-positive, vielfaltsinklusive und antidiskriminierende Grundhaltung.

Kunstpädagog*innen werden vielleicht auch gefragt, weshalb sie mit Bildern arbeiten, die nicht nur dem Genre der Kunst zuordenbar sind. Mit Bezug auf die angestrebte Vermittlung von *Bildkompetenz* können Sie erklären, dass Schüler*innen mit einer Fülle von visuellem Material konfrontiert sind und die angeleitete Auseinandersetzung mit Bildern, Kinder und Jugendliche dabei unterstützen kann, einen reflexiven und kritischen Umgang mit visuellem Material zu entwickeln.

Bestehende Sammlungen als Ressource nutzen

Sie können bei der Suche nach Bildmaterial auch auf bestehende Sammlungen anderer zurückgreifen. Neben dem hier vorgestellten Bilderpool kann in der Arbeit zu Lust und Begehren im Kunstunterricht auch auf Reproduktionen von Objekten aus institutionellen Sammlungen zurückgegriffen werden.[21]

---

21 – Erotische und sexuelle Kunstobjekte finden sich beispielsweise explizit in der Naomi Wilzig Collection, eine Kunstsammlung zur Kulturgeschichte der Sexualität (vgl. http://www.weam.com/collection [3.8.2019]), die sich gegenwärtig als Leihgabe an der Humboldt Universität zu Berlin befindet und dort an der *Forschungsstelle Kulturgeschichte der Sexualität* wissenschaftlich betreut wird (https://www.literatur.hu-berlin.de/de/forschung/archive-forschungsstellen/forschungsstelle-kulturgeschichte-der-sexualitaet/projekte [3.8.2019]).
Es gibt aber auch in zahlreichen anderen Ausstellungshäusern und Sammlungen sexualitätsbezogene Objekte, wobei es häufig an engagierten Kunstvermittler*innen und Kurator*innen liegt, Angebote zu entwickeln, diese Objekte sicht- und besprechbar machen. Solche Bemühungen werden etwa am Bode Museum in Berlin mit einem eigenen Vermittlungsformat mit dem Titel ‚Let's talk about Sex! Gender und vielfältige geschlechtliche Lebensweisen in der Kunst' (https://www.smb.museum/museen-und-einrichtungen/bode-museum/bildung-vermittlung/schulen-kindertagesstaetten/detailansicht-angebote-fuer-schulen-kindertages-einrichtungen.html?tx_smb_pi1%5BschoolOffer%5D=64310 [3.8.2019]) oder am British Museum unter dem Titel ‚Relationship and Sex Education' (https://www.britishmuseum.org/learning/schools_and_teachers/sessions/sex_and_relationship_education.aspx [3.8.2019]) unternommen.

Rechtliche Rahmenbedingungen und Verletzbarkeiten beachten

Wir gehen davon aus, dass Sie Ihre Klassen gut kennen und damit ein sensibles Sensorium dafür haben, welche Bilder in Ihrem spezifischen schulischen Kontext angemessen sind. Rechtliche Rahmenbedingungen wie Pornographiegesetz oder Landesjugendschutzgesetze bieten eine wichtige Orientierung. Was aber für die jeweilige Gruppe passt, können nur die Leiter*innen entscheiden. Bei der Methode **BILDER SAMMELN** auf S. 80 finden Sie Hinweise dazu, wie Sie den Schüler*innen kommunizieren können, welche Bilder sie für die Arbeit in der Schule nicht mitbringen können.

Versuche starten und Möglichkeiten für Reflexion schaffen

Trauen Sie sich etwas auszuprobieren und nehmen Sie sich die Zeit allein und im kollegialen oder extern begleiteten Austausch darüber zu reflektieren, mögliche Probleme oder Fehler zu adressieren und beim nächsten Versuch etwas zu verändern. In Österreich gibt es im Rahmen der verpflichtenden Fortbildung für Pädagog*innen an Pädagogischen Hochschulen auch immer wieder Angebote, die sexualpädagogisch ausgerichtet sind und ein guter Ort sein können, um sich mit interessierten Kolleg*innen auszutauschen. Viele Vereine, die in der schulischen Sexualpädagogik tätig sind, bieten auch Fortbildungen für Lehrer*innen an.

Diskutiert wird ein Bild aus dem Bilderpool. Das Gespräch wurde aufgenommen und im Anschluss von einer Studierenden interpretiert und zusammengefasst:

Das Bild zeigt die Künstlerin (Anm. Beyoncé) in Unterwäsche mit einem Schleier. Sie hält ihren schwangeren Bauch und posiert kniend vor einem überdimensionalen Blumenarrangement. In der Frage, ob Beyoncé, deren Inszenierung an ein Marienbild erinnert, ein Symbol für Lust und Begehren ist, werden zwei konträre Standpunkte vertreten. Eine Sichtweise sieht in der Schwangerschaft das Ergebnis von Sex, wodurch eine Assoziation mit Lust und Begehren naheliegend ist. Einem anderen Standpunkt nach erinnert die Inszenierung derart an Maria und ihre jungfräuliche Empfängnis, dass dies klar als Gegenposition zu Lust und Begehren verstanden werden kann.

6. AUSWAHL DER METHODEN

Bei der Auswahl der bilderschließenden Methoden war es uns wichtig, diese so zu wählen, dass die Co-Forschenden ein breites Spektrum an verschiedenen Zugängen erproben können. Unter bilderschließenden Methoden verstehen wir unterschiedliche didaktische Methoden, die die Auseinandersetzung mit Bildern anregen und strukturieren. Dazu gehören assoziative Methoden ebenso wie analytische oder gestalterische Methoden.[22] Wir wollten den Co-Forschenden vielfältige Auseinandersetzungsmöglichkeiten anbieten, die unterschiedlichen Interessen und Lerntypen entgegenkommen. Die Methodenwahl zielte darauf ab, diverse Gelegenheiten für Teilnehmende zu schaffen, um ihre Fähigkeiten und Kenntnisse einzubringen und zu erweitern, wobei die Zusammenstellung der Methoden sowohl Vertiefung wie auch Abwechslung ermöglichen sollte.

Die gewählten Methoden variieren:

- im Zugang zu den Bildern: analytisch, gestalterisch, assoziativ, sinnesbezogen, an sprachlichem Austausch orientiert
- hinsichtlich der Sozialformen: Einzelarbeit, Paararbeit, Kleingruppen, Wirbelgruppen, Plenum
- in Bezug auf den Grad der Offenheit bzw. Strukturiertheit der Methode
- hinsichtlich dessen, wie sehr sie auf das Thema Lust und Begehren bezogen sind
- hinsichtlich der Anzahl der Bilder, mit denen gearbeitet wird

Gleichzeitig versuchten wir mit diesem Spektrum an Methoden auch unserem Forschungsinteresse nachzukommen und mit den Co-Forschenden gemeinsam herauszufinden, ob bestimmte Methoden besser geeignet sind, um Bilder differenziert und normenkritisch zu besprechen als andere.

In der Reflexion mit den Co-Forschenden hat sich gezeigt, dass die von uns gewählten Methoden zwar vielfältige Zugänge zu den Bildern anbieten, aber nicht explizit normenkritisch ausgerichtet sind bzw. nicht explizit dazu auffordern, die Bilder etwa hinsichtlich ihrer Geschlechter- oder Schönheitsnormen kritisch zu befragen. Dass die Bilder dennoch in dieser Weise kritisch besprochen wurden, lag daran, dass Beteiligte – insbesondere auch Studierende – diese Perspektiven einbrachten. Möglicherweise unterstützte auch die längere Arbeit zu einem Bild mit wechselnden Methoden, dass dieses aus unterschiedlichen Perspektiven betrachtet werden konnte. Diese Vorgangsweise könnte ebenso dazu beigetragen haben, dass im Gespräch über das Bild – seine formale Gestaltung, seine inhaltlichen Botschaften bzw. Angebote – vielfältige und interessante Blickwinkel entwickelt und eingenommen wurden.

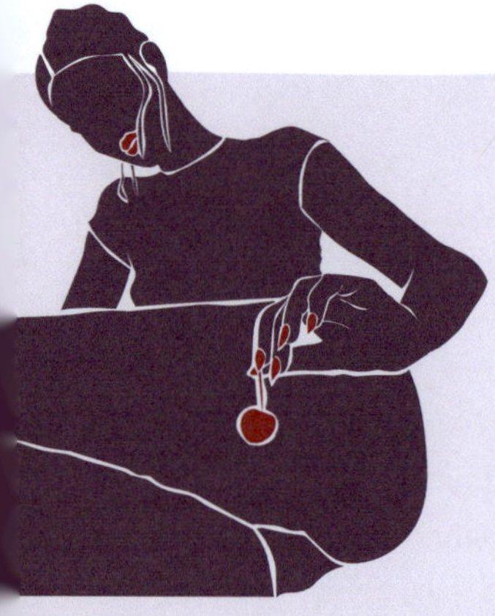

Abb. 4: Illustration eines Instagram-Posts von Arvida Byström 2017

22 – Bilderschließende Methoden, die für den Kunstunterricht didaktisch aufbereitet sind, hat Andreas Schoppe in seinem Band „Bildzugänge" (2013) zusammengestellt. Einige der von uns erprobten Methoden stammen aus dieser Sammlung und wurden teilweise für unseren Kontext adaptiert (siehe Methodenbeschreibungen ab S. 44).

Es hat sich als gelungen erwiesen, nach dem Kennenlernen im Museum zunächst intensiv in fixen Kleingruppen zu arbeiten, die sich entlang individueller Interessen für ein ‚Bildgenre' gebildet hatten. Das größte Interesse bei den Schüler*innen erweckte der Pool *Alltags- und Populärkultur*, das geringste der Pool *sexualpädagogische Materialien*, wobei die Selbstzuteilung erfolgte, ohne die konkreten Bilder zu kennen. Dennoch waren die jeweiligen Kleingruppen in etwa gleich groß, jedoch unterschiedlich mit Studierenden und Schüler*innen besetzt.

Ebenfalls bewährt hat es sich, den Teilnehmenden einen Pool an Bildern zu Verfügung zu stellen, aus dem sie zunächst ein Bild auswählten, mit welchem dann in der Kleingruppe vertiefend gearbeitet wurde. Erst nach dieser intensiven Arbeit an und mit nur einem Bild setzten wir Methoden mit ganzen Bilderpools (ca. 8-10 Bilder) ein. Nach drei gemeinsamen Einheiten, bei denen sich ein gutes Arbeitsklima und ein gewisses Vertrauen in der Gruppe gebildet hatten, forderten wie die Beteiligten auf, selbst Bilder mitzubringen und so die Bilderpools zu erweitern.

Wechsel von Sozialformen einplanen
Welche Sozialformen gewählt und wie häufig sie gewechselt werden, hängt von der Einschätzung der Gruppe(ndynamik), den räumlichen Ressourcen sowie den Zielen der Arbeit ab. Eine gewisse Abwechslung ist jedenfalls zu empfehlen, weil einzelne Sozialformen verschiedenen Teilnehmenden unterschiedlich gut entsprechen.

Aufgaben mit unterschiedlichen Herausforderungen stellen
Es empfiehlt sich, die Arbeitsaufgaben so zu wählen, dass sie unterschiedliche Fähigkeiten und Interessen ansprechen. Es sollten auch Methoden ausgewählt werden, die eine Beteiligung auch ohne bestimmtes Vorwissen möglich machen.

Spielräume für das Einbringen eigener Erfahrungen und Sichtweisen ermöglichen – Veröffentlichungs- und Bekenntniszwang vermeiden
Auch wenn Sexuelles in den Medien sehr präsent ist, gilt Sexualität als intime und private Angelegenheit. Zudem sind die Themenbereiche Sexualität und Liebesbeziehungen mit großer emotionaler

wie sozialer Bedeutung aufgeladen und mit Fragen von Selbstbewusstsein, Anerkennung und Bestätigung/Ablehnung verknüpft. Diese Themen können daher mit Aufregung und Lust, aber auch mit Unsicherheit und Scham verbunden sein. Insbesondere im Kontext von Settings, die nicht auf dem Prinzip der Freiwilligkeit beruhen, wie dies in Schule der Fall ist, gilt es, sensibel darauf zu achten, welche Fragen, Methoden und Settings zu sexuellen Themen für die Beteiligten und die jeweilige Gruppe ‚stimmen'. Zeitliche Spielräume und Flexibilität, damit die Beteiligten den Rahmen der konkreten Aufgabenstellung auch einmal verlassen können, können durchaus förderlich sein für einen differenzierten und sich entwickelnden Auseinandersetzungsprozess. Gleichzeitig gilt es zu vermeiden, dass die Teilnehmer*innen sich genötigt fühlen, Persönliches zu erzählen oder in der Kleingruppe Geteiltes im Plenum öffentlich zu machen.

Und man ist aber wirklich durch dieses Programm gegangen und hat Schritt für Schritt alles gemacht und man ist einfach nicht müde geworden, sondern es hat immer noch Spaß gemacht. Und dann ist man wieder zusammengesessen und wieder in die Gruppen gegangen und man hat den nächsten Schritt gemacht und jeder hat sich gegenseitig bewundert und bestärkt. Das hat eigentlich auch so eine extrem schöne Atmosphäre gemacht.

Es ist schwer zu sagen was, welche Methode so am besten funktioniert hat, weil es war glaub ich die Abwechslung, also eben dieses konzentrierte Kleingruppenarbeiten und dann auch wieder in der größeren Gruppe. [...] Es war eine gute Mischung von Einzelarbeiten, Kleingruppen, größeren Gruppen, die für mich dieses Thema noch mehr in Summe erschlossen hat.

In Summe wären vielleicht ein bisschen weniger Methoden und Aufgaben besser gewesen. Ich hatte oft das Gefühl, dass ich gerne mehr Zeit gehabt hätte, um diese Methode genauer zu besprechen oder noch genauer zu bearbeiten.

Studierende in der Abschlussdiskussion

Ich fand es auch gut, dass wir nicht so viel geschrieben haben, sondern eher mehr geredet haben. Das fand ich mal ganz erfrischend.

Ich fand die Auseinandersetzung mit den Bildern in kleineren Gruppen am besten. Da haben wir einfach wirklich über das Thema geredet.

Ich fand auch die kleineren Gruppen besser, das war mehr ... intense. Man konnte mehr drüber reden, weil in so einer großen Gruppe traut sich nicht jeder zu reden und nicht jeder sagt, was er denkt. Oder es wird schnell langweilig, wenn nur eine Person ganz lange redet in der großen Gruppe.

Ich fand es gut, dass wir die Gruppe getauscht haben, das wir nicht immer in der selben waren.

7. ZUSAMMENARBEIT VON SCHÜLER*INNEN UND STUDIERENDEN

In diesem Abschnitt gehen wir auf die Besonderheiten einer institutionsübergreifenden Zusammenarbeit ein. Der folgende Abschnitt reflektiert die Vorteile und fördernden Rahmenbedingungen der Arbeit mit einer heterogenen Gruppe.

Diskussionsfrage:

Was wäre an der Arbeit mit den Bildern zu Lust und Begehren anders gewesen, wenn ihr in einer reinen Schüler*innengruppe/Studierendengruppe gearbeitet hättet und nicht in dieser gemischten Zusammensetzung?

Ich glaube nicht, dass wir so ernst gewesen wären. [Zustimmung] Weil umgeben von Erwachsenen fühlt man sich so, als müsste man auch erwachsen sein [Zustimmung].

Schüler*innen

Ich finde, dadurch dass wir mehr waren und irgendwie auch mehr Ältere und Reifere dabei waren, sind ein paar Dinge aufgekommen, um die wir uns noch gar nicht so gekümmert haben.

Studierende

Ich finde gemischte Gruppen grundsätzlich immer ganz hilfreich, um andere Perspektiven zu bekommen. Das hab ich ganz toll gefunden.

Abschlussdiskussion
Studierende und Schüler*innen

Die Zusammenarbeit von Oberstufenschüler*innen und Lehramtsstudierenden hatte in mehrerlei Hinsicht positive Effekte: Die Motivation und Lust an der Arbeit mit den Methoden speiste sich unter anderem daraus, dass die Studierenden und Schüler*innen neugierig aufeinander waren und Interesse an den Sichtweisen und Meinungen der jeweils anderen hatten. Die Arbeit in gemischten Kleingruppen (pro Gruppe mindestens ein*e Studierende*r bzw. ein*e Schüler*in) reduzierte den Einfluss eingespielter Gruppendynamiken und eröffnete die Möglichkeit, sich neu zu positionieren und eventuell anders einzubringen als

üblich im Unterricht oder in der Lehrveranstaltung.[23]
Die Adressierung aller Beteiligten als Forschende unterstützte die Zusammenarbeit von Studierenden und Schüler*innen ‚auf Augenhöhe'. Diese Adressierung als Co-Forschende wurde von den Beteiligten überraschend gut angenommen, was sich etwa daran zeigte, dass sie sich selbst als solche bezeichneten oder das eigene Tun im Hinblick auf das gesamte Forschungsprojekt *Imagining Desires* befragten oder kommentierten.

> Ich glaube, dass die Rolle [als Co-Forschende] ermöglicht hat, dass wir [Studierende und Schüler*innen] auf Augenhöhe waren. Also eben kein unbedingt hierarchisches Gefälle. Vielleicht vom Alter und der Erfahrung her, aber eben nicht WIE wir uns begegnet sind. Egal wo wir waren, am Institut oder in der Schule, überall wo wir waren, waren wir gleichberechtigt.
>
> (Studierende)

Die Studierenden wurden im Vorfeld bewusst nicht als angehende Lehrer*innen adressiert, um sie dabei zu unterstützen, gegenüber den Schüler*innen nicht in eine Lehrer*innen-Rolle zu rutschen. Eine Reflexion darüber, welche Erfahrungen aus der Methodenwerkstatt für eine zukünftige Schulpraxis hilfreich sein können, fand erst nach Ende der Zusammenarbeit mit den Schüler*innen statt.

Wichtig für die möglichst gleichverantwortliche Zusammenarbeit von Schüler*innen und Studierenden waren klaren Arbeitsaufträge, die neben einer mündlichen Erklärung zumeist auch in schriftlicher Form vorlagen. Das gab allen die Möglichkeit, nachzulesen und sich daran zu orientieren. Dies half den Gruppen sichtlich in der Strukturierung ihres Arbeitsprozesses sowie in der Rückbesinnung auf die Aufgabe, wenn sie in der Diskussion abgeschweift waren. Als Leiterinnen übernahmen wir die Verantwortung, für einen klaren Rahmen der Zusammenarbeit zu sorgen. Wir erklärten die Arbeitsaufträge und moderierten Gespräche im Plenum. Zudem kümmerten wir uns darum, die Ergebnisse zu dokumentieren. Da wir uns nicht an der Kleingruppenarbeit beteiligten, waren wir in die inhaltliche Auseinandersetzung zu Beginn eher wenig involviert, was wir beide zunächst sehr bedauerten.

Unsere Einschätzung im Nachhinein ist, dass es insbesondere angesichts des Themas Lust und Begehren eine gute Entscheidung war, uns als Leiterinnen, die wir ja auch Lehrerin und Lehrveranstaltungsleiterin sind, zurückzunehmen und nicht an der Kleingruppenarbeit teilzunehmen. Die Gruppen konnten so unter sich sprechen und nur das ins Plenum tragen, was sie dort

23 – An dieser Stelle sei auch erwähnt, dass wir im Projekt *Imagining Desires* auch die Erfahrung gemacht haben, dass die Arbeit in gemischten Gruppen Herausforderungen und Schwierigkeiten mit sich bringen kann: In einem anderen Forschungsstudio arbeiteten Lehramtsstudierende verschiedener Institutionen zusammen, geleitet von zwei externen Projektmitarbeitenden. In dieser Konstellation gab es Spannungen auf Grund unterschiedlich ausgeprägter Sensibilitäten für Diskriminierung und zu wenig Vertrauen, um dies in der Gruppe besprechbar zu machen.

besprochen haben wollten.[24] Diese Plenumsgespräche waren unter anderem auch wichtig, um über Rahmenbedingungen des Sprechens über Sexualität im schulischen Kontext gemeinsam nachzudenken. Es schien uns jedoch auch wichtig, dass wir uns zu ausgewählten Zeitpunkten einbrachten und etwa an einer gestalterischen Einzelarbeit teilnahmen.[25]

Aus unseren Erfahrungen können wir die Zusammenarbeit von unterschiedlichen Gruppen für die Arbeit zu sexuell konnotierten Bildern empfehlen, auch wenn dies einen gewissen Organisations- und Koordinationsaufwand bedeutet. Die Arbeit mit Oberstufen-Schüler*innen und Studierenden hat Vorteile, aber auch die Zusammenarbeit von Schüler*innen unterschiedlicher Schulen oder Altersstufen kann eventuell ähnliche Effekte haben. Die vorgeschlagenen Methoden können auch im Rahmen von Wahlpflichtfächern, Projektwochen oder ähnlichem eingesetzt werden. Es spricht aber auch nichts dagegen, sie innerhalb einer Lehrveranstaltungs-Gruppe oder Klasse anzuwenden.

---

24 – Die Räumlichkeiten der Schule ermöglichten darüber hinaus die ungestörte Arbeit in Kleingruppen, da es mehrere aneinander angeschlossene Klassenzimmer und einen Aufenthaltsraum gab, die alle genutzt werden konnten.

25 – In Forschungsprojekt *Facing the Differences*, in dem ebenfalls Lehrer*innen, Schüler*innen, Studierende und Uni-Lehrende zusammen geforscht haben, brachten sich die Lehrenden auch in die Kleingruppenarbeit ein (vgl. dazu Czejkowska/Ortner/Thuswald 2015, Ortner/Thuswald 2013).

SPANNEND WAR FÜR MICH ...

...mit jüngeren Kolleg*innen zu arbeiten. Interessant fand ich, dass wir uns bei der Auswahl der Bilder ziemlich schnell einig waren.

(Studierende)

...wie offen die SchülerInnen auf mich und auf die Aufgabe zugegangen sind.

(Studierende)

...mit einer Jugendlichen über ihre Ansichten zu dem Thema Homosexualität zu reden.

(Studierende)

Für die vorliegende Publikation haben wir uns um die Rechte für die in der Methodenwerkstatt bearbeiteten Bilder bemüht. Nicht bei allen Bildern ist uns dies gelungen. Illustrationen, die auf Ausschnitten aus diesen Bildern basieren, sollen dennoch einen Eindruck von der verwendeten Bildersammlung vermitteln.

BILDERSAMMLUNGEN

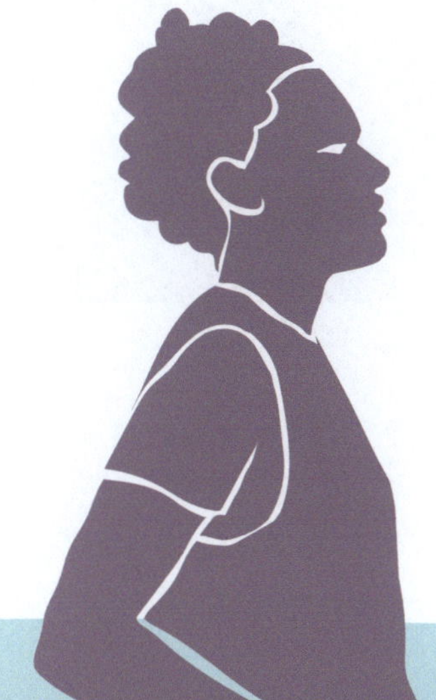

5

6

7

8

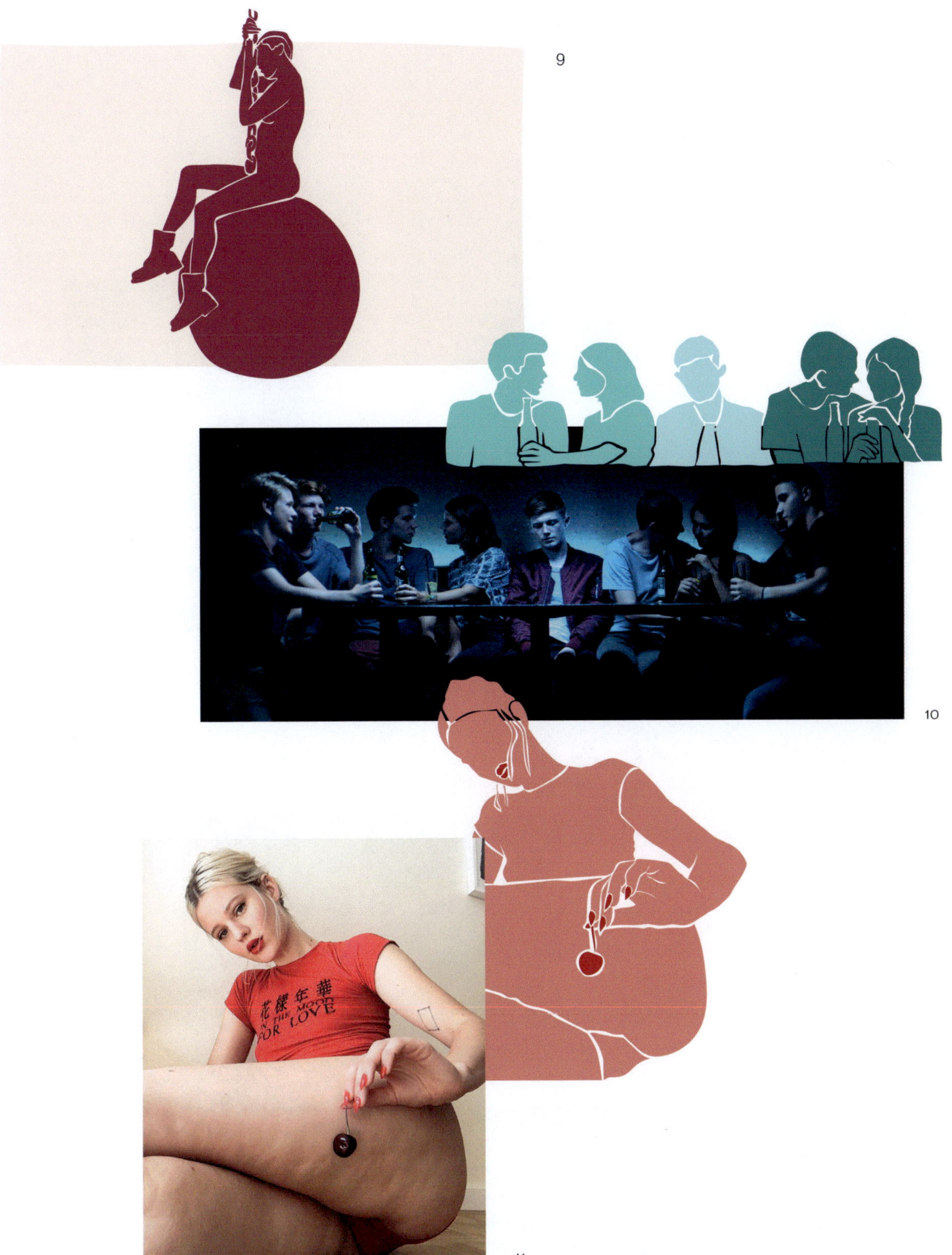

Abb. 5: Illustration eines Filmstills aus „Call Me by Your Name“, Kabisch 2019
Abb. 6: Illustration eines Instagram-Posts von Beyoncé, Kabisch 2019
Abb. 7: Illustration eines Musikvideostills von Jason Derulo, Kabisch 2019
Abb. 8: Filmstill aus „L’Animale“, Mückstein 2018
Abb. 9: Illustration eines Musikvideostills von Miley Cyrus, Kabisch 2019
Abb. 10: Filmstill aus „L’Animale“, Mückstein 2018
Abb. 11: Instagram-Post, Byström 2017

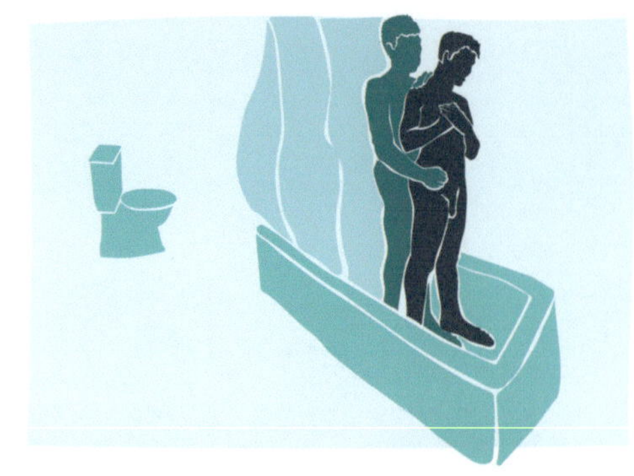

12

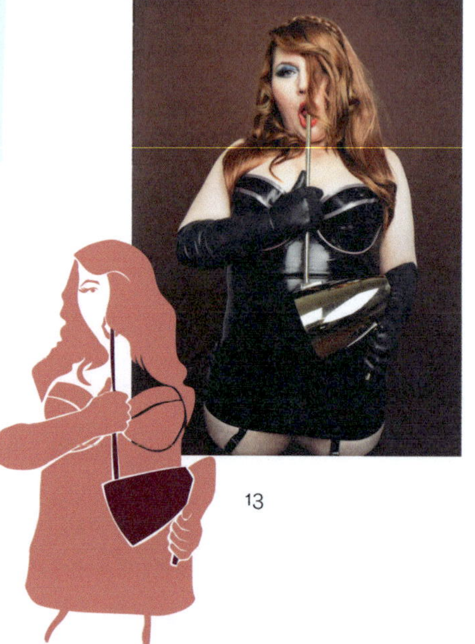

13

14

15

16

17

18

19

20

21

Abb. 12: Illustration zu „Shower II" von Hugh Steers, Kabisch 2019

Abb. 13: „Carl", Knebl 2017

Abb. 14: „Me, Me & Me", Boafo 2017

Abb. 15: „Once Upon A Time", Haring 1989

Abb. 16: Illustration zu „La Grande Odalisque" von Jean A. D. Ingres, Kabisch 2019

Abb. 17: „Las tres gracias", Hernández 2016

Abb. 18: „Flaming Flamingos", Daschner 2011

Abb. 19: „Tapp- und Tastkino", EXPORT 1968

Abb. 20: „Negai no itoguchi [Erwachen der Begierde]", Utamaro 1799

Abb. 21: Illustration zu „No. 19 from the Kitchen Table Series" von Carrie Mae Weems, Kabisch 2019

22

Quelle: Facebook.com/AstraBier
ALLE 11 MINUTEN VERLIEBT SICH EIN SINGLE ÜBER ASTRA.
Astra. Was dagegen?
ASTRA
URTYP
23

Wünsche erfüllen ist einfach.
Täglich 1.500 Euro Shoppingbonus gewinnen – mit paydirekt.
paydirekt
24

Berlin AB
Tageskarte
7€
Bringt dich ans
Die Tagesk
25

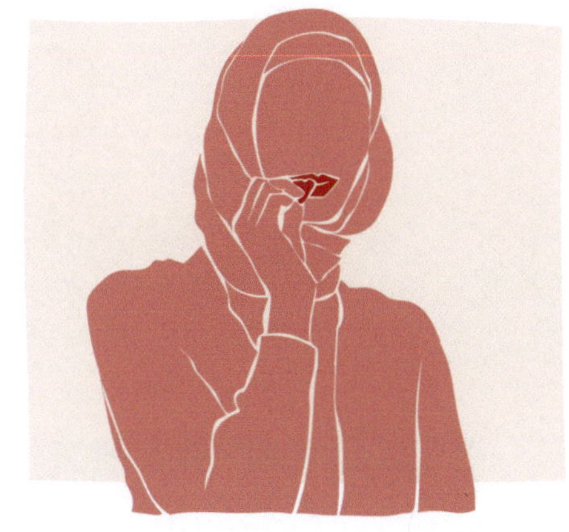

26

27

28

29

Abb. 22: Illustration eines Werbesujets für eine Modekette, Kabisch 2019
Abb. 23: Werbesujet für Bier, Astra o.J.
Abb. 24: Werbesujet für ein Online-Zahlungsverfahren, pay direkt o.J.
Abb. 25: Illustration eines Werbesujets für öffentliche Verkehrsmittel, Kabisch 2019
Abb. 26: Illustration eines Werbesujets für Fruchtgummi, Kabisch 2019
Abb. 27: Werbekampagne für Kondome und Gleitmittel, Ritex o.J.
Abb. 28: Illustration eines Werbesujets für Parfüm, Kabisch 2019
Abb. 29: Illustration eines Werbesujets für Mineralwasser, Kabisch 2019

30

31

MACHT ES EUCH BEQUEM UND MÖGLICHST ANGENEHM.
JETZT DER WUNSCH VON SOU. OHNE IHRE SCHUH'.
IM NU LEGT KAT SICH HIN. AUCH BRIX IST WIEDER DRIN IM SPIEL UND DABEI NACH DER KURZEN STREITEREI.
DANN LÄNGS ...
DANN HIN- UND HER.
DAS WAR SCHÖN. SEID IHR NOCH DA?
JA.
KLAR.
DIE KLEIDER STÖREN B&S&K.

32

33

34

35

36

Abb. 30: Illustration einer Fotografie aus „MAKE LOVE“, Kabisch 2019
Abb. 31: Zeichnung aus „Mann. Frau. Und noch viel mehr“, Hoffmann o.J.
Abb. 32: Zeichnung aus „DAS machen?“, Aebi 2012
Abb. 33: Zeichnung aus „Ganz schön intim“, Streit 2014
Abb. 34: Fotografie aus „Kriegen das eigentlich alle?“, Holleben 2013
Abb. 35: Illustration einer Fotografie aus „MAKE LOVE“, Kabisch 2019
Abb. 36: Illustration einer Fotografie aus „MAKE LOVE“, Kabisch 2019

Im Rahmen der Methodenwerkstatt wählten die Teilnehmenden in vier Kleingruppen jeweils ein Bild aus, mit dem sie sich intensiver befassen wollten. Die hier abgebildeten Fotografien und Illustrationen verweisen auf diese Bilder.

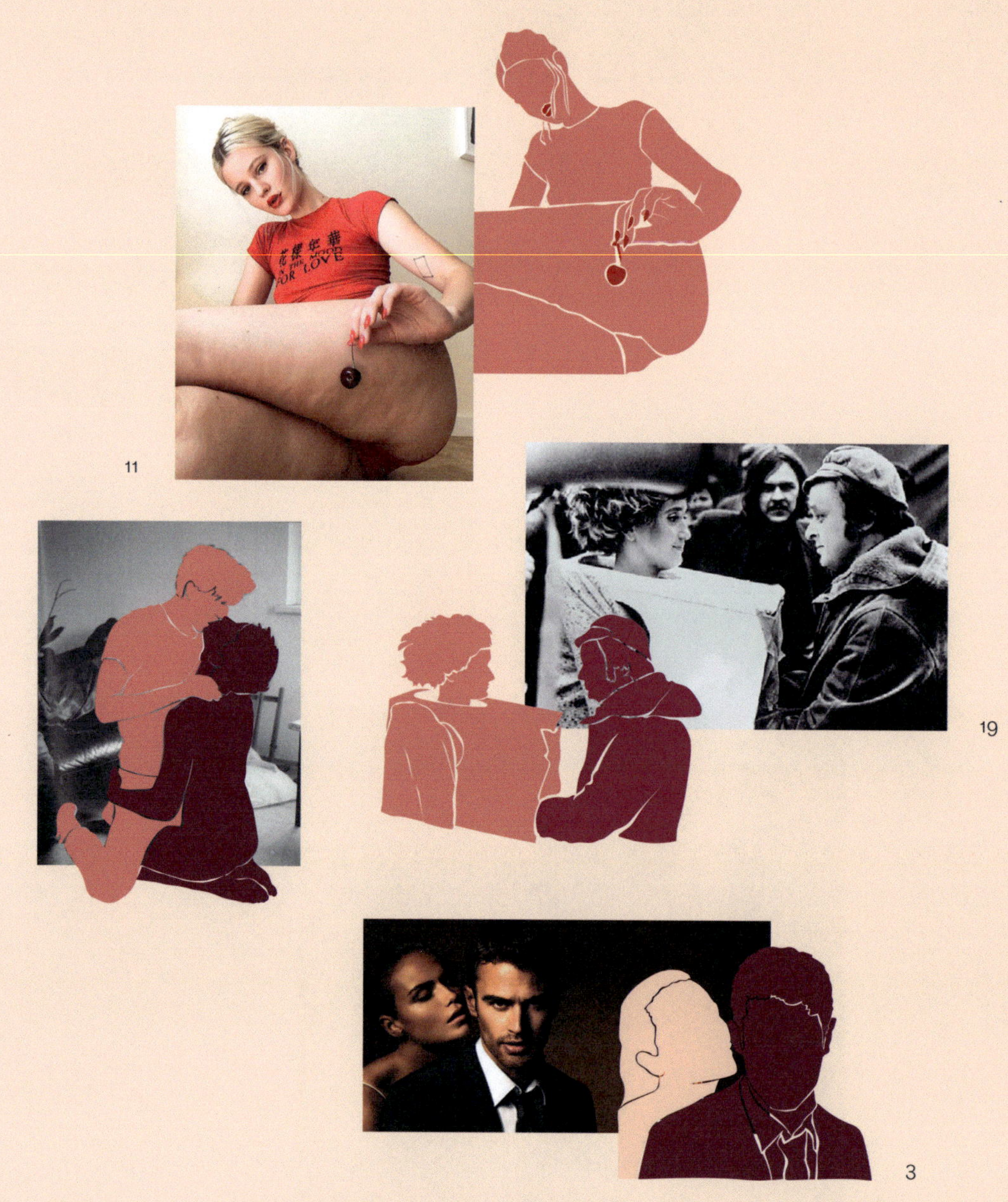

Abb. 11: Instagram-Post von Arvida Byström 2017
Abb. 19: Performance-Dokumentation von VALIE EXPORT 1968
Abb. 1: Illustration einer Fotografie aus „MAKE LOVE", Kabisch 2019
Abb. 3: Illustration eines Werbesujets für Parfüm, Kabisch 2019

KOMMENTIERTE METHODENBESCHREIBUNGEN

ÜBERBLICK ZUM ABLAUF DER METHODENWERKSTATT

THEMATISCHE VORBEREITUNG

Schüler*innen: sexualpädagogischer Workshop in der Fachstelle *Selbstlaut* (2,5 Stunden)
Studierende: eine Lehrveranstaltungseinheit mit Übungen zur Auseinandersetzung mit Sexualität (3 Stunden)

1. EINHEIT (2,5 STUNDEN IN EINER AUSSTELLUNG)

45´ Einführung in die Ausstellung durch die Kunstvermittlerin, erster Rundgang durch die Ausstellung (Plenum)

20´ **KENNENLERNEN IN EINER AUSSTELLUNG** (Dreiergruppen), S. 48

20´ Einführung ins Projekt, Wahl des Schwerpunktthemas für die weitere Arbeit (Plenum)

15´ Pause

40´ **BILDANALYSE ALS KÜNSTLERISCHE STRATEGIE** (Kleingruppen, Plenum), S. 52

10´ Abschlussrunde: Erwartungen und mögliche Befürchtungen zum Projekt

2. EINHEIT (2,5 STUNDEN IN DER SCHULE)

15´ Einleitung: Vorstellen der Bilderpools (Werbung, Kunst, Sexualpädagogik, Alltags- und Populärkultur), Einführung in die geplante Arbeitsweise, Gruppenbildung nach Interesse für die Bilderpools (Plenum)

20´ Sichtung des Bilderpools (8-10 Bilder), Auswahl eines Bildes für die vertiefte Analyse, **ASSOZIATIONSSAMMLUNG** (Kleingruppen), S. 54

15´ **GESCHICHTEN ERFINDEN** (Kleingruppen), S. 56

10´ Fragen und Thesen zum Kontext des Bildes formulieren (Kleingruppen)

15´ Pause

35´ **FORMALE BILDANALYSE UND KOMPOSITIONSSKIZZEN** (Kleingruppen), S. 58

25´ **KLANGCOLLAGE** (Kleingruppen, Plenum), S. 62

15´ **REFLEXIONSFRAGEBOGEN**, S. 86, Abschlussrunde (Plenum)

3. EINHEIT (3 STUNDEN IN DER SCHULE)

10´ Ablauf der Einheit besprechen (Plenum)

15´ **KONTEXTINFORMATIONEN EINBEZIEHEN** (Kleingruppen), S. 66

25´ **IN WIRBELGRUPPEN ERGEBNISSE VORSTELLEN** (Kleingruppen), S. 68

15´ Pause

40´ **GESTALTERISCHE ARBEIT ZU EINEM BILDAUSSCHNITT** (Einzelarbeit, Präsentation), S. 70

20´ **DISKUSSION ZU LUST UND BEGEHREN ALS THEMA DER BILDER** (zwei Gruppen), S. 74

10´ Pause

20´ **RE-KONTEXTUALISIERUNG VON BILDERN** (Kleingruppen), S. 78

15´ **REFLEXION AUF PLAKATEN** (Einzelarbeit), S. 87

10´ Auftrag zum **BILDER SAMMELN** bis zur nächsten Einheit (Plenum), S. 89

4. EINHEIT (2,5 STUNDEN AN DER UNIVERSITÄT)

30´ Gestalterische Ergebnisse der Einheit nachbesprechen (Plenum)

45´ **BILDERNETZ ERSTELLEN** (zwei Gruppen, Plenum), S. 84

10´ Rückschau auf die gemeinsame Arbeit (Plenum)

25´ **FRAGENGELEITETES REFLEXIONSGESPRÄCH** (zwei Gruppen), S. 87

40´ Abschlussrundc (Plcnum)

NACHBEREITUNG MIT DEN STUDIERENDEN (2 EINHEITEN ZU JE 3 STUNDEN)

- Fragengeleitetes Reflexionsgespräch zur Methodenwerkstatt und den Lernerfahrungen für zukünftige pädagogische Praxis
- Sammlung von Themen und offenen Fragen, die die Studierenden rund um die Methodenwerkstatt beschäftigen
- Entwicklung einer Forschungsfrage, die in Bezug auf Fachliteratur und Material aus der Methodenwerkstatt (Audioaufnahmen, Reflexionsfragebögen, Bilderpools etc.) selbstständig bearbeitet und verschriftlicht wird

KENNENLERNEN IN EINER AUSSTELLUNG

SOZIALFORM

kurze Einzelarbeit, dann wechselnde Dreiergruppen

ZEIT

15–20 Minuten

MÖGLICHE ZIELE UND POTENTIALE DER ÜBUNG

- Ins Sprechen über künstlerische Arbeiten kommen
- Sich selbst zu künstlerischen Arbeit in Bezug setzen
- Gegenseitiges Kennenlernen der Teilnehmenden

MATERIAL

Künstlerische Arbeiten im Kontext einer Ausstellung/eines Museums

VORBEREITUNG

Diese Übung ist für den Kontext einer Ausstellung oder eines Museums gedacht. Vor der Durchführung der Übung sollten sich alle Teilnehmenden bereits einen Überblick über die gezeigten Werke verschafft haben.

ABLAUF

Die Teilnehmenden werden aufgefordert, eine künstlerische Arbeit auszuwählen, die sie anspricht oder neugierig macht. Danach finden sich alle in Dreiergruppen zusammen (am besten mit den Personen der Gruppe, die sie am wenigsten kennen) und bekommen einen klaren Zeitrahmen für die erste Aufgabe (etwa 8-10 Minuten pro Aufgabe). Die Kleingruppe geht während der Aufgaben zu den ausgewählten künstlerischen Arbeiten. Nach dem Austausch in der ersten Dreiergruppe finden sich die Teilnehmenden in neuen Dreiergruppen zusammen.

1. AUFGABE:
Stellt euch einander anhand der ausgewählten künstlerischen Arbeit vor: Was spricht mich daran an? Was hat die Arbeit mit mir zu tun?

2. AUFGABE:
Stell dir vor, du bist der*die Künstler*in dieser künstlerischen Arbeit. Stell sie den anderen aus dieser Perspektive vor: Was ist das Thema dieser Arbeit? Warum hast du sie gemacht?
Es geht bei dieser Aufgabe darum, eine eigene Geschichte zu erfinden und dabei Assoziationen und eventuell auch vorhandenes Wissen zur Arbeit zu nutzen (z.B. aus den Werkbeschreibungen, die der Arbeit beigestellt sind). Es ist nicht notwendig, die tatsächlichen Hintergründe der Künstler*in oder der künstlerischen Arbeit zu kennen.

WEITERE MÖGLICHE AUFGABEN

- Stell dir vor, die Arbeit wird mit einem Preis ausgezeichnet und du sollst eine Rede zur Würdigung halten.
- Stell dir vor, die Arbeit wird in einem Schulbuch abgebildet. In welchem Schulbuch könnte das sein? Zu welchem Thema?

Zum Abschluss empfiehlt sich eine kurze Nachbesprechung, bei der die Teilnehmenden Erfahrungen während der Übung artikulieren können, die sie mit der ganzen Gruppe teilen wollen.

VORSCHLAG ZUR WEITERARBEIT

z.B. **BILDANALYSE ALS KÜNSTLERISCHE STRATEGIE** (S. 52)

ERFAHRUNGEN UND ANMERKUNGEN

Die Gruppenleiter*innen können bei dieser Übung eventuell mitmachen, damit auch sie die Gelegenheit haben, die Teilnehmenden kennenzulernen und umgekehrt.
Es kann herausfordernd sein, Gruppenwechsel und neue Aufgaben anzuleiten, wenn die Teilnehmenden räumlich weit verteilt sind.

Abb. 37 und 38: Ausstellungsansicht „Magic Circle“ 2018

SPEED DATING MIT BILDERN

SOZIALFORM

wechselnde Dreiergruppen

ZEIT

15–20 Minuten

MÖGLICHE ZIELE UND POTENTIALE DER ÜBUNG

- Ins Sprechen über Bilder kommen
- Ins Sprechen über Sexualität, Intimität und Körperlichkeit kommen
- Sich selbst zu Bildern in Bezug setzen
- Gegenseitiges Kennenlernen der Teilnehmenden

MATERIAL

Das Material sind Bilder zum jeweiligen Thema, etwa eine Sammlung von Postkarten oder auf A5 Kartons ausgedruckte Bilder wie etwa künstlerische Arbeiten, Bilder aus Print- und Online-Medien (Zeitschriften, Musikvideo-Stills, Filmstills, Bilder auf Social Media von berühmten Personen…), Werbung, Bilder aus sexualpädagogischen Materialien u.a.
Das Bildmaterial soll möglichst divers sein, was die Darstellungsformen, den Zugang zum Thema und die Identifikationsangebote betrifft (siehe „Auswahl der Bilder", S. 19)
Es soll jedenfalls mindestens doppelt so viele Bilder geben wie Teilnehmende, so dass es eine gute Auswahl für alle gibt.

VORBEREITUNG

Die Bilder werden auf einem großen Tisch oder auf dem Boden ausgelegt, so dass sie alle gleichzeitig sichtbar sind und die Teilnehmenden von mehreren Seiten an die Bilder herankommen.

ABLAUF

Die Teilnehmenden wählen ein Bild aus, das sie anspricht oder neugierig macht. Mit ihrem gewählten Bild in der Hand finden sie sich zu Dreiergruppen zusammen und bekommen eine Frage, zu der sie sich kurz austauschen (3–5 Minuten).
Nach Ende der Zeit suchen sich alle eine neue Dreiergruppe und es gibt eine neue Frage zum Austausch usw.

MÖGLICHE FRAGEN FÜR DEN DREIERGRUPPEN-AUSTAUSCH:

- Warum hast du dieses Bild ausgewählt?
- Stellt euch vor, das Bild wäre in einem Schulbuch, in welchem? Zu welchem Thema könnte es zu finden?
- Stellt euch vor, ihr seid diejenigen, die das Bild gemacht haben. Erklärt den anderen wie und warum!

- Zeigt euch die Bilder noch nicht gegenseitig! Vermittelt den Inhalt des Bildes ohne Worte also z.B. nur durch Mimik, Gestik oder mit Lauten. Erst danach zeigt den anderen das Bild.

Es empfiehlt sich eine kurze Nachbesprechung, wo die Teilnehmenden Erfahrungen während der Übung artikulieren können, die sie mit der ganzen Gruppe teilen wollen. Fragen für die Nachbesprechung können etwa sein: Welche Aufgabe war am herausforderndsten? Welche Aufgabe war am lustvollsten? Wie ging es euch mit der Aufgabe, das Bild ohne Worte darzustellen?

VORSCHLAG ZUR WEITERARBEIT

Weitergearbeitet werden kann danach etwa in Kleingruppen mit der **ASSOZIATIONSSAMMLUNG** (S. 54), dem **GESCHICHTEN ERFINDEN** (S. 56) oder der **FORMALEN BILDANALYSE** (S. 58).

ANMERKUNGEN DER LEITERINNEN

Es ist wichtig, dass die anleitende Person einen klaren Rahmen schafft, auf die Zeit achtet und die Übergänge und Aufgabenstellungen kurz und verständlich anleitet.

Diese Methode ist eine Alternative zum **KENNENLERNEN IN EINER AUSSTELLUNG**. Sie war nicht Teil der Methodenwerkstatt, sondern wurde für Workshops mit Lehramts-Studierenden und Lehrer*innen entwickelt und mit den obenstehenden Fragen erprobt.
Die Teilnehmenden dieser Workshops meldeten zurück, dass sie die Methode als lustvoll, anregend und spannend wahrgenommen haben und sich auch einen Einsatz mit Schüler*innen gut vorstellen können. Eine Teilnehmerin wies darauf hin, dass die Frage zum Schulbuch sehr erkenntnisreich für sie gewesen sei, weil im Nachdenken und Sprechen darüber schnell klar werde, was in der Schule üblich und möglich sei und was nicht.
Die meisten Teilnehmenden konnte sich auch sehr gut auf die Aufgabe ohne Worte einlassen und nutzen häufig ihre Körper sowie vorhandene Möbelstücke, um das Bild pantomimisch darzustellen.

Abb. 39 und 40:
Dokumentationsfotos aus Workshops

BILDANALYSE ALS KÜNSTLERISCHE STRATEGIE

SOZIALFORM

Kleingruppen zu 3-5 Personen, Präsentation im Plenum

ZEIT

20–25 Minuten für die Kleingruppenarbeit
15–20 Minuten für die Präsentation im Plenum

MÖGLICHE ZIELE UND POTENTIALE DER ÜBUNG

- Über künstlerische Arbeitsweisen sprechen
- Künstlerische Arbeiten auf bestimmte Aspekte hin befragen und analysieren
- Künstlerische Strategien kennenlernen, bei denen mit Bildmaterial von anderen gearbeitet wird
- Bildanalyse als künstlerische Strategie kennenlernen

MATERIAL

- Künstlerische Arbeiten, die vorhandenes visuelles Material bearbeiten und in einen anderen Zusammenhang stellen
- Handouts mit Fragen für die Gruppen

ABLAUF

Gruppenbildung: z.B. selbstgewählt nach Interesse für eine bestimmte Arbeit oder per Los (auf den Losen steht der Name der jeweiligen Künstler*in, zu der die Gruppe arbeitet)

Jede Gruppe arbeitet anhand einer künstlerischen Arbeit zu folgenden Fragen:

- Welches Bildmaterial bearbeitet der*die Künstler*in?
- Wie bearbeitet er*sie das Ausgangsmaterial?
- Welche Wirkung erzeugt er*sie damit?

Die Antworten auf die Fragen werden schriftlich festgehalten. Zur Übersichtlichkeit kann jede Frage auf unterschiedlich farbiges Papier ausgedruckt und Zettel in der gleichen Farbe für die Antwort ausgegeben werden.
Die Gruppen präsentieren die Ergebnisse kurz im Plenum. Dabei können die unterschiedlichen künstlerischen Strategien kontrastierend besprochen werden: Wo sind Unterschiede bzw. Ähnlichkeiten im Umgang mit vorhandenem Bildmaterial?

ERFAHRUNGEN UND ANMERKUNGEN

In der Methodenwerkstatt wurde mit vier künstlerischen Arbeiten aus der Ausstellung „Magic Circle" gearbeitet, die im Frühjahr 2018 im Kunstraum Niederösterreich in Wien stattfand und von Katharina Brandl und Daniela Brugger kuratiert wurde. Die Arbeiten wurden dahingehend besprochen, ob und wie sie ihr Erkenntnisinteresse offenlegen, ob nachvollziehbar ist, wie das verwendete Material ausgewählt und verwendet wurde und wie die jeweilige künstlerische Form und Präsentation die Lesbarkeit für die Betrachtenden mitbestimmen.

Folgende künstlerische Arbeiten wurden untersucht:

Karin Ferrari: Decoding Katy Perry's Dark Horse (THE WHOLE TRUTH), 2016.
Online verfügbar unter: http://karinferrari.com/en/decoding-the-whole-truth/ [12.07.2019]

Johanna Braun: Though Shalt Not Suffer a Witch to Live (On Mass Hysteria I), 2018.
Online verfügbar unter: http://www.johannabraun.com/2-inhalt/works/67-thou-shalt-not-suffer-a-witch-to-live-on-mass-hysteria-i.html [03.07.2019]

Tabira Rezaire: Bow Down (aus der fünfteiligen Selbstportät-Serie Inner Fire), 2016/2017.
Online verfügbar unter: https://indie-mag.com/2018/06/artist-tabita-rezaire/inner-fire-bow-down [12.07.2019]

Veronika Eberhart: Bildanalyse Skizzen (grafische Reinterpretation des Neujahrsgrußes mit drei Hexen von Hans Baldung gen. Grien), 2017.
Online verfügbar unter: http://www.veronikaeberhart.com/projects/bildanalyse-skizzen [12.07.2019]

41

42

Abb. 41: Teil von „Though Shalt Not Suffer a Witch to Live", Braun 2018
Abb. 42: „Bow Down", Rezaire 2018

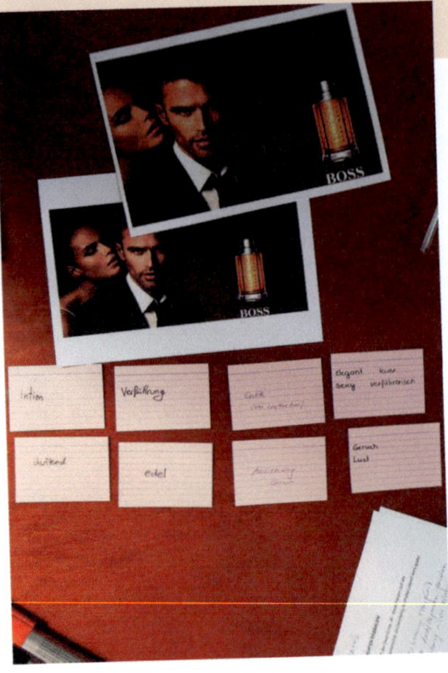

ASSOZIATIONSSAMMLUNG

SOZIALFORM

Kleingruppen

ZEIT

15–20 Minuten

MÖGLICHE ZIELE UND POTENTIALE DER ÜBUNG

- Kennenlernen der Mitglieder einer Gruppe
- Austausch über unterschiedliche Wahrnehmungen
- Auseinandersetzung mit unterschiedlichen Ebenen einer Darstellung: Assoziationen können sich auf Bildinhalte, Bildaufbau, einzelne Objekte u.a. beziehen

MATERIAL

- Karteikärtchen/Zettel und Stifte
- Bilder zum Thema in Form von Postkarten oder auf A5 Kartons ausgedruckt z.B. künstlerische Arbeiten, Bilder aus verschiedenen Alltagsmedien (z.B. Stills aus Musikvideos), aus der Werbung, Bilder aus sexualpädagogischen Materialien u.a. Das Bildmaterial soll möglichst divers sein, was die Darstellungsformen, den Zugang zum Thema und die Identifikationsangebote betrifft (siehe „Auswahl der Bilder“, S. 19)

VORBEREITUNG

In dieser Übung sollen die Teilnehmer*innen Assoziationen zu Einzelbildern sammeln. Die Kleingruppen wählen zu diesem Zweck ein Bild aus einem größeren Pool von Bildern aus. In unserem Forschungsstudio haben sich die Kleingruppen anhand der vier Kategorien von Bildern zusammengefunden und jeweils ein Bild aus dem Bilderpool zu dieser Kategorie (Kunst, Werbung, sexualpädagogisches Material, Alltags- und Populärkultur) gewählt.

ABLAUF

Das gewählte Bild wird nur für einen kurzen Moment betrachtet und dann verdeckt bzw. umgedreht. Im Anschluss notiert jede*r für sich erste Assoziationen zum Bild auf Kärtchen. Die Assoziations-Kärtchen werden dann rund um das Bild aufgelegt und in der Gruppe besprochen: Welche Assoziationen kommen häufig vor, welche Aspekte werden nur vereinzelt genannt? Welche Gestaltungselemente des Bildes könnten diese Assoziation ausgelöst haben?

VORSCHLAG ZUR WEITERARBEIT

FORMALE BILDANALYSE UND KOMPOSITIONSSKIZZEN (S. 58)

ERFAHRUNGEN UND ANMERKUNGEN

Das Assoziieren und das Aufschreiben der Assoziationen benötigt an sich nicht viel Zeit. Es macht aber Sinn, etwas mehr Zeit zu geben, damit die Gruppen in einen Austausch über das Bild und seine Themen kommen können. Für diese Übung bedarf es keiner Vorkenntnisse zu Bildinhalten oder bilderschließenden Methoden.

KOMMENTARE DER TEILNEHMENDEN

Diese Methode war besonders erkenntnisreich für das bearbeitete Bild, weil…

…es spannend war, die unterschiedlichen Zugänge der Kolleg*innen kennen zu lernen. Auch der anschließende Austausch war lehrreich, da die Kolleg*innen viel Wissen und Erfahrungsberichte einbringen konnten. (Studierende)

…wir auf viele interessante Diskussionspunkte gestoßen sind. (Schüler*in)

Für mich war die Assoziationsübung wenig erkenntnisreich, weil wir nicht derselben Meinung waren. (Schüler*in)

Spannend war für mich, wie unterschiedlich die Zugänge zu dem Bild sind und wie sehr Assoziationen von den eigenen Erfahrungen abhängen. (Studierende)

Ich habe gemerkt, dass es mir recht schwer fällt, spontan assoziativ zu sein. Ich habe für mich immer den Anspruch gehabt, ‚das Richtige' zu sagen. Aber ‚das Richtige' gibt es im dem Fall ja nicht. (Studierende)

Abb. 43–45: Assoziationssammlungen

GESCHICHTEN ERFINDEN

orientiert an Schoppe 2013, S. 75

SOZIALFORM

Kleingruppen

ZEIT

15 Minuten

MÖGLICHE ZIELE UND POTENTIALE DER ÜBUNG

- Vertiefung und Ausbau der zuvor gesammelten Assoziationen
- Bietet die Möglichkeit, Fragen, Ideen oder Anliegen zum Thema des Bildes in fiktiver Form einzubringen
- Die gemeinsame lust- und phantasievolle Auseinandersetzung mit einem Bild fördern
- Impulse von anderen aufgreifen und eigene Ideen einbringen
- Kann zur Auflockerung der Arbeitssituation eingesetzt werden

MATERIAL

- Papier und Stifte zum Mitnotieren von Stichwörtern
- Ein Bild aus einem Bilderpool (siehe Materialbeschreibung der Methode **ASSOZIATIONSSAMMLUNG**, S. 54)

VORBEREITUNG

Wir empfehlen, die Übung **ASSOZIATIONSSAMMLUNG** voranzustellen, damit die Teilnehmenden bereits einige Impulse für ihre Geschichte gesammelt haben. Weitere Impulse für die Teilnehmenden können etwa folgende Fragen sein: Wer ist im Bild zu sehen? Wann und wo ereignet sich die Szene? Wie fühlen sich die abgebildeten Personen? Was ist vorher, was ist nachher passiert?

ABLAUF

Eine Person beginnt, eine aus dem Bild abgeleitete Geschichte zu erzählen. Ausgangspunkt kann entweder ein zentraler Bildgegenstand sein oder es können bewusst Nebensächlichkeiten in den Fokus der Aufmerksamkeit gerückt werden. Nach einigen Sätzen gibt die erzählende Person das Wort an eine nächste Person weiter, die die Geschichte fortsetzt.
Eine Person führt Protokoll (vorab festlegen wer) über den Verlauf der Geschichte. Diese Person soll die wichtigsten Stationen oder Ereignisse der Geschichte stichwortartig festhalten. Mit diesem Stichwort-Protokoll kann später weitergearbeitet werden.

VORSCHLAG ZUR WEITERARBEIT

Wir empfehlen im Anschluss an die Methode **GESCHICHTEN ERFINDEN** Angebote für die Weiterarbeit zu setzen, die auf den Geschichten aufbauen bzw. diese integrieren. Gleichzeitig sollte dieser assoziativen Methode ein Angebot folgen, welches einen anderen (analytischen, körperorientierten, gestalterischen...) Zugang zum Bild ermöglicht.

ANMERKUNGEN DER LEITERINNEN

In der Methodenwerkstatt haben wir den Teilnehmenden für das Geschichten erfinden zu wenig Zeit gelassen und auch keine Angebote gesetzt, was im Anschluss mit den erfundenen Geschichten passieren könnte bzw. wie sie die Weiterarbeit mit den Bildern anreichern könnten. Eine zentrale Erkenntnis aus der Arbeit mit dieser Methode ist, ihr entweder mehr Bedeutung zu verleihen und den Schüler*innen klar zu kommunizieren wie und wozu mit einer Geschichte über ein Bild weitergearbeitet werden kann, oder nur mit einer assoziativen Methode zu arbeiten. Für diesen Fall empfehlen wir die **ASSOZIATIONS-SAMMLUNG**, S. 54.

KOMMENTARE DER TEILNEHMENDEN

Die Methode Geschichten erzählen war wenig erkenntnisreich für das bearbeitete Bild, weil...

...ich das Gefühl hatte, dass die Phantasie mit uns durchging und am Ende eine völlig abstruse Geschichte am Tisch lag. So ganz weit entfernt von unseren ersten Assoziationen. (Studierende)

...wir nur mehr das in der Geschichte gepackt haben, was wir vorher schon besprochen hatten. Vielleicht wäre es besser gewesen, diese Methode als Erstes anzuwenden. (Schüler*in)

...wir damit im Anschluss nichts gemacht haben. (Schüler*in)

...weil wir zu keinen neuen Erkenntnissen gekommen sind. (Schüler*in)

FORMALE BILDANALYSE UND KOMPOSITIONSSKIZZEN

orientiert an Schoppe 2013, S. 172

SOZIALFORM

Kleingruppen

ZEIT

35–45 Minuten

MÖGLICHE ZIELE UND POTENTIALE DER ÜBUNG

- Vertiefte Auseinandersetzung mit ästhetischen Gestaltungselementen und dem formalen Aufbau einer Darstellung
- Anwenden von fachspezifischer Sprache zwecks präziser Beschreibung
- Auf das Sichtbare fokussieren
- Zwischen Darstellung und Interpretation unterscheiden üben

MATERIAL

- Ein Bild aus einem Bilderpool (siehe Materialbeschreibung der Methode **ASSOZIATIONSSAMMLUNG**, S. 54)
- Arbeitsblatt mit Leitfragen
- Transparentpapier und verschiedene Stifte

VORBEREITUNG

Je nach Kenntnisstand der Gruppe ist es notwendig, mehr oder weniger Unterstützung oder Erklärungen zu Absichten, Begriffen und Durchführung einer formalen Bildanalyse zu geben, um die Methode durchführen zu können. Eventuell ist ein kurzer einführender Input oder ein zusätzliches Handout mit Begriffen hilfreich.

ABLAUF

Jede Gruppe bekommt ein Arbeitsblatt mit Aufgaben zur Bildanalyse und zum Erstellen von Kompositionsskizzen, die selbstständig bearbeitet und dokumentiert werden.

MÖGLICHE AUFGABEN:

- Figur und Grund: Was ist das zentrale Motiv, was ist das Umfeld, was findet sich im Hintergrund? Welche Zusammenhänge bestehen zwischen den Bildelementen, wie fügen sich diese zu einem Ganzen?
- Schwerpunkte: Gibt es bewusste Hervorhebungen? Ist etwas oder jemand unscharf dargestellt? Was fällt als Erstes ins Auge, was erkenne ich erst auf den zweiten Blick?

- Betrachter*innenstandpunkt: Welche Rolle kommt mir als Betrachtende*r zu? Bin ich integriert oder Außenstehende*r? Bin ich nah am Geschehen? Von welchem (angenommenen) Standpunkt blicke ich auf das abgebildete Geschehen?
- Bild- und Blickrichtung: Gibt das Bild eine Richtung vor, die von meinem Auge nachvollzogen wird? Welche Blickverhältnisse gibt es möglicherweise im Bild? Wer sieht wen/was an? Wer schaut zurück?
- Welche Funktion erfüllt Farbe im Bild? Welche Farbbeziehungen und -kontraste sind wahrnehmbar?

Im Anschluss werden Kompositionsskizzen angefertigt. Dazu legen die Teilnehmenden Transparentpapier über das Bild und zeichnen ein, was ihnen hilfreich für das Verständnis über Bildwirkung und formalen Aufbau erscheint (z.B. Formen im Bild, die sich wiederholen, Blickrichtungen…).

VORSCHLAG ZUR WEITERARBEIT

KLANGCOLLAGE (S. 62)

ERFAHRUNGEN UND ANMERKUNGEN

Aus unserer Sicht eignen sich konkrete Fragestellungen dazu, einzelne Aspekte des Bildes isoliert zu betrachten. Damit fällt es leichter, sich von der subjektiven Wahrnehmung des Bildes zu distanzieren und persönliche Deutungen temporär auszuklammern. Durch die Analyse können neue Erkenntnisse über das Bild gewonnen werden, die wiederum neue Erkenntnisse über den Zusammenhang von gestalterischen Strategien und Wirkung ermöglichen.

Die Methode ist voraussetzungsreich, da die Teilnehmenden ein sprachliches und inhaltliches Vorwissen über gestalterische Mittel benötigen. Die Fragen können jedoch so gestaltet sein, dass sie sich am jeweiligen Kenntnisstand der Schüler*innen orientieren. Die Schüler*innengruppe in unserer Methodenwerkstatt war bereits in Grundzügen mit Strategien formaler Bildanalyse vertraut und hatte schon Erfahrung mit dem Erstellen von Kompositionsskizzen gesammelt sowie zentrale Begrifflichkeiten kennengelernt. Bei der Studierendengruppe setzten wir diese Grundkenntnisse voraus, stellten jedoch fest, dass diese im Zuge des Studiums nicht vermittelt wurden und nur jene Zugang dazu hatten, die damit bereits in ihrer eigenen Schulzeit oder in anderen Studien in Kontakt gekommen waren.

KOMMENTARE DER TEILNEHMENDEN

Die formal-analytische Methode war besonders erkenntnisreich für das bearbeitete Bild, weil...

...es uns bei der Bewusstmachung verschiedener Techniken/Strategien, welcher sich die Werbung bedient, geholfen hat. (Studierende)

...wir dadurch rein die Darstellung, die Komposition erarbeitet haben. (Studierende)

Die formal-analytische Methode war wenig erkenntnisreich für das bearbeitete Bild, weil...

...ich Inhalt und Message interessanter fand, als darüber zu sprechen, von wo das Licht kommt. (Studierende)

...sie den Bearbeitungsprozess auf kritischer Ebene zu stark unterbrochen hat. (Studierende)

...es sich bei unserem Bild um eine dokumentarische Fotografie handelt, die auf eine Aktion verweist. Hier wäre eine Filmanalyse passender. (Studierende)

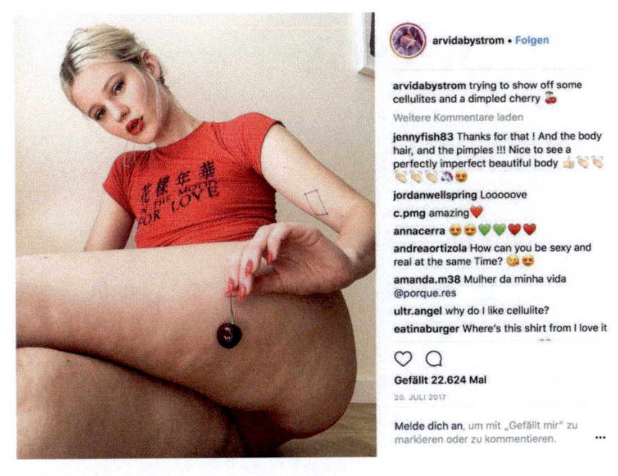

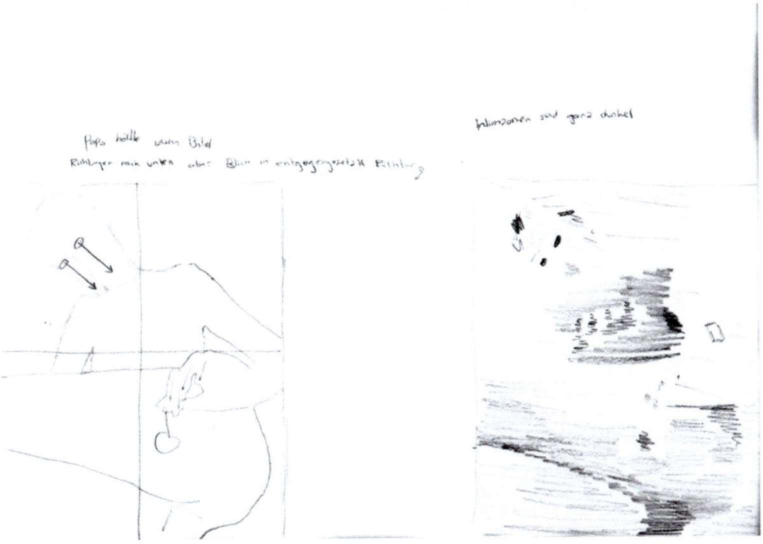

42

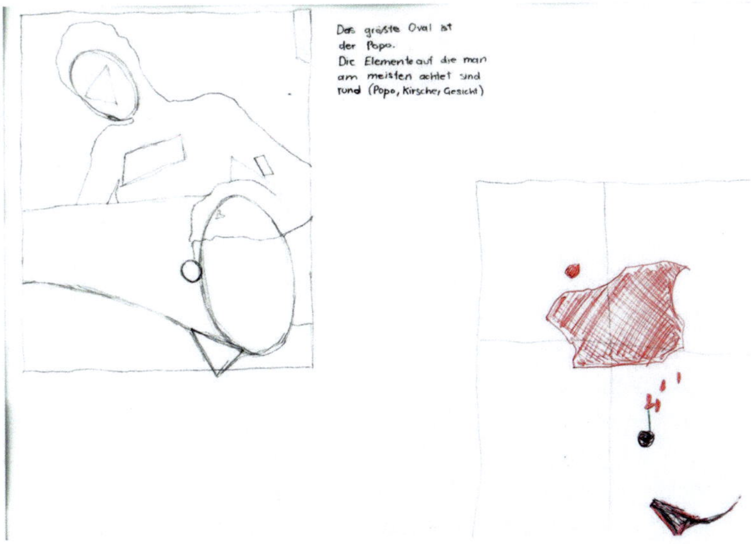

Das größte Oval ist der Popo. Die Elemente auf die man am meisten achtet sind rund (Popo, Kirsche, Gesicht)

43

Abb. 46: Instagram-Post, Arvida Byström 2017

Abb. 47 und 48: Kompositionsskizzen zu einem Instagram-Post von Arvida Byström

KLANGCOLLAGE

orientiert an Schoppe 2013, S. 114

SOZIALFORM

Kleingruppen und Plenum

ZEIT

25–30 Minuten

MÖGLICHE ZIELE UND POTENTIALE DER ÜBUNG

- Eine visuelle Arbeit in akustische Ausdrucksformen übersetzen
- Körperliche und emotionale Ausdrucksmöglichkeiten stärken
- Die Methode soll unterhalten, Spaß machen und auflockern

MATERIAL

- Ein Bild aus einem Bilderpool, mit dem bereits gearbeitet wurde (siehe Materialbeschreibung der Methode **ASSOZIATIONSSAMMLUNG**, S. 54)
- Mobiltelefone und Gegenstände, mit denen Geräusche erzeugt werden können

VORBEREITUNG

Die Teilnehmenden haben sich schon intensiv mit einem Einzelbild auseinandergesetzt (assoziativ, formal-analytisch). Die Verwendung von Hilfsmitteln zur Klangerzeugung wird geklärt.

ABLAUF

Die Gruppe bekommt den Auftrag, nach Geräuschen, Tönen, Klängen, Musik usw. zu suchen, die zu dem gewählten Bild passen. Mobiltelefone und andere technische Geräte dürfen ebenso verwendet werden, um Klänge zu erzeugen wie Objekte aus der schulischen Umgebung. Anschließend wird eine Klangcollage zusammengestellt. Die Klänge können so aneinandergereiht werden, dass eine kurze Klanggeschichte zum Bild entsteht. Wenn es unterschiedliche klangliche Assoziationen in der Gruppe gibt, müssen sich die Schüler*innen nicht auf eine gemeinsame Interpretation einigen, sondern reihen ihre kurzen Klangcollagen in einer für sie stimmigen Abfolge aneinander (wie unterschiedliche Passagen in einem Musikstück).
Eine Variante der Übung bezieht die Methode **GESCHICHTEN ERFINDEN** ein: Die Geschichte soll vertont werden. Dazu können auch Klang- und Textpassagen miteinander verflochten werden.

Die Klangcollage wird im Anschluss vor der ganzen Gruppe aufgeführt. Die Zuhörer*innen lauschen mit geschlossenen Augen und äußern ihre Assoziationen im Anschluss an die Darbietung. Die Leitenden protokollieren. Die Assoziationen der Zuhörer*innen und der Aufführenden können in einem weiteren Schritt miteinander verglichen oder erweitert werden.

VORSCHLAG ZUR WEITERARBEIT

REFLEXION DER BISHERIGEN ARBEIT (S. 86-87) oder **KONTEXTINFORMATIONEN EINBEZIEHEN** (S. 66)

ERFAHRUNGEN UND ANMERKUNGEN

Unserer Erfahrung nach war es gut, dass die Klangcollage auf ein Bild bezogen wurde, mit dem sich die Teilnehmenden schon auseinandergesetzt hatten. Dadurch war ein großes Spektrum an Assoziationen und Geschichten zum Bild vorhanden.
In den Reflexionsschleifen meldeten die Teilnehmenden zurück, dass auch scheinbare Spielereien wie die Klangcollage wertvoll für die Auseinandersetzung mit Bildinhalten und eigenen Interpretationen sein können, indem sie andere Ebenen anzusprechen vermögen als beispielsweise eine formale Bildanalyse.
Die Methode Klangcollage ist nicht sprachzentriert und kann dadurch für Personen mit unterschiedlichen Ausdrucksfähigkeiten und Sprachkenntnissen zugänglich sein.

KOMMENTARE DER TEILNEHMENDEN

Studierende: „Was hat euch am wenigsten gefallen, wenn ich das fragen darf?"

Schüler*in: „Ich weiß nicht, ich fand manche Dinge nicht so hilfreich. Also das mit diesen Lauten. [Anm.: Klangcollage]. Also ich fand das ganz lustig, aber ich würde das jetzt nicht für die Bildanalyse bei meiner Matura machen." [Zustimmung]

Schüler*in: „Ich fand das mit den Lauten aber schon irgendwie interessant."

Schüler*in: „Es war interessant, aber wenn du eine Bildanalyse machst, setzt du dich dann hin und machst eine Lautkarte [Anm.: Klangcollage] für dich?"

Schüler*in: „Ja, wieso nicht, das ist mal was anderes."

Schüler*in: „Ja, stimmt eigentlich."

(Abschlussdiskussion)

Dokumentierte Assoziationen der Zuhörenden zu den jeweiligen Klangcollagen musikalisch

Klischee

Duft

geheimnisvoll

Sonnenuntergang

sexy

Blumenwiese

Werbung

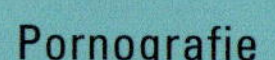

Pornografie

furzen

elig

Zippverschluss

privat

Fotoshooting

verschlingen

nackt

Hosentürl

ausziehen

Dokumentierte Assoziationen der Zuhörenden zu den jeweiligen Klangcollagen

KONTEXTINFORMATIONEN EINBEZIEHEN

SOZIALFORM

Kleingruppen

ZEIT

10–15 Minuten

MÖGLICHE ZIELE UND POTENTIALE DER ÜBUNG

- Das bisher Erarbeitete mit Informationen zum Kontext der Bilder anreichern
- Das Wissen über das Bild erweitern und dadurch neue Perspektiven auf das Bild gewinnen
- Neugier auf Bilder und ihre Kontexte wecken
- Den Einfluss von Kontextinformationen auf die Wahrnehmung eines Bilder besprechbar machen

MATERIAL

- Die Bilder mit denen bisher gearbeitet wurde
- Handouts mit Kontextinformationen
- Ev. Handouts mit der Aufgabenstellung

ABLAUF

Die Teilnehmenden werden im ersten Schritt aufgefordert, sich über den Kontext des Bildes Gedanken zu machen. Die Aufgabe ist, Fragen an das Bild zu formulieren sowie Thesen aufzustellen, woher das Bild stammt oder mit welcher Absicht es hergestellt wurde.

In einem zweiten Schritt erhalten die Teilnehmenden Kontextinformationen zum Bild auf einem Handout, z.B. zum Entstehungskontext, zur Biografie der Künstlerin*des Künstlers, zu medialen Reaktionen auf die Arbeit usw.
Diese Hintergrundinformationen werden gelesen und mit dem bisher Erarbeiteten (Assoziationen, formale Analyse) zusammen besprochen: Wie verändert diese Information die Wahrnehmung des Bildes? Bestätigt, widerlegt oder verändert die Information die Thesen zum Bild? Welche Fragen zum Bild lassen sich damit beantwortet?

ERFAHRUNGEN UND ANMERKUNGEN

Je nach Alter der Schüler*innen und je nach Zeit können die Teilnehmenden auch aufgefordert werden, selbst zu den Bildern zu recherchieren.

VORSCHLAG ZUR WEITERARBEIT

DIE ERGEBNISSE IN WIRBELGRUPPEN VORSTELLEN (S. 68)

KOMMENTARE DER TEILNEHMENDEN

Diese Methode eignet sich, um...

...sich eine andere Meinung dazu bilden zu können
...vorhandene Thesen zu prüfen
...Vorurteile zu verwerfen
...Thesen zu ergänzen
...Neugierde zu stillen
...Thesen zu widerlegen oder zu bestätigen

Diese Methoden eignet sich NICHT, um...

...zu brainstormen
...unvoreingenommen weiter zu arbeiten
...frei zu denken
...assoziativ ein Bild zu deuten

IN WIRBELGRUPPEN ERGEBNISSE VORSTELLEN

SOZIALFORM

Kleingruppen

ZEIT

25 Minuten

MÖGLICHE ZIELE UND POTENTIALE DER ÜBUNG

- Auf Basis des erarbeiteten Wissens eigenständig über bearbeitete Bilder sprechen
- Sich in der Gruppe als Expert*in für ein Bild erleben
- Unterschiedliche Erkenntnisse und divergierende Sichtweisen über ein Bild zueinander in Bezug setzen und in einer verständlichen Sprache verbalisieren

MATERIAL

- Pro Gruppenmitglied eine Kopie des bearbeiteten Bildes
- Alle bisher erarbeiteten Ergebnisse zu den Bildern

ABLAUF

Bei der Vorbereitung der Übung befinden sich die Teilnehmenden noch in den Kleingruppen, in denen sie die Bilder analysiert haben bzw. arbeiten alleine. Jede Person bekommt das bearbeitete Bild und macht sich Notizen zu den bisherigen Ergebnissen in der Gruppe (Assoziationen, Analyse, Einbezug der Kontextinformation...)
Dann werden neue Kleingruppen (3-5 Personen) gebildet, in denen Personen zusammenkommen, die zu unterschiedlichen Bildern gearbeitet haben. Die Aufgabe ist nun, den anderen in der Kleingruppe die Ergebnisse zum besprochenen Bild zu präsentieren (pro Bild ca. 5´).

VORSCHLAG ZUR WEITERARBEIT

GESTALTERISCHE ARBEIT ZU EINEM BILDAUSSCHNITT (S. 70) oder **RE-KONTEXTUALISIERUNG VON BILDERN** (S. 78)

ERFAHRUNGEN UND ANMERKUNGEN

Bei dieser Übung sind die Gruppenmitglieder, die zuvor zusammengearbeitet haben, voneinander getrennt und jede Person erklärt alleine anderen die Ergebnisse zum bearbeiteten Bild. Es ist hilfreich, wenn die Leitenden die Gruppenzusammenstellung der Wirbelgruppe vorher überlegen und so organisieren, dass sie wenig Zeit braucht, etwa indem Zetteln mit Nummer verteilt werden, sodass jede Person weiß, wo sie dazu gehört.

Die Wirbelgruppen bieten (auch) jenen Gruppenmitgliedern, die bisher vielleicht ruhiger waren, die Möglichkeit, als Expert*innen über ein Bild zu sprechen. Zudem wird die Neugier auf die Bilder und Ergebnisse der anderen gestillt; und zwar in einer Form, die längere Präsentationsphasen im Plenum vermeidet und stattdessen Austausch in Kleingruppen ermöglicht.

KOMMENTARE DER TEILNEHMENDEN

Diese Methode eignet sich, um...

...sich nochmals im Detail mit dem Bild zu beschäftigen
...kurz & bündig zusammenzufassen
...neue Blickwinkel zu bekommen (im Austausch)
...noch einmal die Thesen zu prüfen + diskutieren
...nochmal zu reflektieren und das wichtigste wiederzugeben
...um sich mit anderen Gruppen auszutauschen

„Die effektivste Methode war für mich, wie wir auf ein Bild eingegangen sind in der Gruppe und dann diese Mischgruppen hatten, wo jeder den anderen das Gelernte über das Bild erzählen musste. Dadurch hat man das nochmals wiederholt und sich besser eingeprägt. Wenn man es selbst erklären muss, versteht man es besser."
(Schüler*in Abschlussreflexion)

GESTALTERISCHE ARBEIT ZU EINEM BILDAUSSCHNITT

orientiert an Schoppe 2013, S. 53

SOZIALFORM

Einzelarbeit, Sichtung der Arbeiten im Plenum

ZEIT

30–40 Minuten

MÖGLICHE ZIELE UND POTENTIALE DER ÜBUNG

- Sich gestalterisch und nonverbal mit dem Thema Lust und Begehren auseinandersetzen
- Einen eigenen Zugang zum Thema finden und eine gestalterische Ausdrucksweise dafür entwickeln
- Durch vielfältige Materialien und den selbstgewählten Bildausschnitt Lust am (themenspezifischen) experimentellen Gestalten wecken

MATERIAL

- Kopien der ausgewählten Bilder für jede*n Schüler*in
- Diverse Materialien für die gestalterische Arbeit, wie etwa: verschiedene Stifte, Kleber, Scheren, Papiere (auch transparente, farbige etc.)
- Eventuell vorbereitete DIN-A5 Kartons oder ähnliches

VORBEREITUNG

Die Materialien werden gut zugänglich für alle aufgelegt, so dass die Teilnehmenden sich frei daran bedienen können. Es soll Material für unterschiedliche Techniken bereitliegen, z.B. zeichnen, malen, collagieren…

ABLAUF

Die Teilnehmenden bekommen das Bild, mit dem sie davor bereits intensiv gearbeitet haben als Kopie. Jede Person wählt selbst den Ausschnitt (z.B. eine Geste, ein Körperteil etc.), von dem aus sie weiterarbeiten möchte. Dieser Bildausschnitt wird aus der Kopie ausgeschnitten und ist der Ausgangspunkt für eine eigene gestalterische Arbeit zum Thema Lust und Begehren.
Die Aufgabenstellung ist also, ein eigenes Bild zu gestalten, das Lust und/oder Begehren zum Ausdruck bringt; etwa über die Verwendung von bestimmten Farben oder Formen, unterschiedlichen Materialien oder angedeuteten Texturen oder über gegenständliche zeichnerische Darstellungen.

Nach Fertigstellung werden alle Bilder aufgehängt oder aufgelegt und können von allen betrachtet werden. Je nachdem, wie es für die Gruppensituation passt, können die

Bilder unkommentiert ausgestellt oder gemeinsam besprochen werden. Bei der Besprechung soll der Fokus nicht auf der Beurteilung der Bilder liegen. Vielmehr kann etwa besprochen werden, wie Lust und Begehren in den Bildern ausgedrückt werden oder welche Gemeinsamkeiten oder Unterschiede sich diesbezüglich in den Bildern ausmachen lassen. Besprochen werden kann auch, welcher Bildausschnitte gewählt wurden und wie mit diesen weitergearbeitet wurde.

ERFAHRUNGEN UND ANMERKUNGEN

Es kann sinnvoll sein, ein Format für die gestalterischen Arbeiten festzulegen. Wir haben das Format A5 vorgegeben, das wir auch für die Bilder gewählten hatten, mit denen gearbeitet wurde. Alle Beteiligten bekamen also weißen Karton in DIN-A5 als Grundlage für ihre gestalterische Arbeit.

Wir hatten die Diskussion zu Lust und Begehren als Thema der Bilder ursprünglich vor der gestalterischen Arbeit zu Bildausschnitten eingeplant, weil wir dachten, dass diese Diskussion den Teilnehmenden Anregungen für ihre eigene Arbeit bieten kann. Es schien in der Situation dann jedoch nicht passend, an die Wirbelgruppe eine weiter sprachzentrierte Methode anzuschließen, weshalb wir die Reihenfolge verändert haben.

Wir haben als Leiterinnen bei dieser Übung mitgemacht. Das war für uns insofern schön, als wir stärker involviert waren als bei den meisten anderen Übungen. Gleichzeitig waren wir, wie alle anderen auch, mit der Frage konfrontiert, wie viel wir bei der Aufgabe von uns selbst zeigen wollen bzw. was uns für den Kontext passend erscheint.
Die Arbeiten wurden nach der Fertigstellung nur aufgehängt und nicht besprochen. Da jedoch in der Abschlussrunde dieser Einheit ein Bedürfnis entstand, diese Arbeit nach zu besprechen, holten wir dies in der nächsten Einheit nach. Angesichts der Nachbesprechung entstand ein spannendes Gespräch darüber, wie viel alle Beteiligten in diesem Kontext bzw. im schulischen Rahmen von sich zeigen wollen und dass es bei dieser Übung auszutarieren gilt, wie persönlich die Aufgabenstellung behandelt wird.

KOMMENTARE DER TEILNEHMENDEN

„Als jeder persönlich sein Bild gemacht hat und wir die Bilder dann aufgehängt haben und alle davor gestanden sind und sie angeschaut haben, da hat jeder gesagt: Die sind alle so schön." (Studierende im Reflexionsgespräch)

„Ich wusste nicht, was ich jetzt machen soll. Was soll ich jetzt machen, das ich zeigen will? Ja, also ich glaube, da hat sich jeder selbst vielleicht ein bisschen zensiert." (Studierende im Reflexionsgespräch)

Aus der Abschlussdiskussion:

Studierende:	„Wir haben immer mit vorgegebenen Bildern gearbeitet, aber nicht in unserer eigenen Sprache formuliert, was in ein Bild reingehört, damit es für uns Lust und Begehren darstellt."
Studierende:	„Das ist halt glaub ich wieder dieser schwierige Punkt, weil wir ja im Schulkontext die Schülerinnen und Schüler nicht zwingen sollten, von ihrem Verständnis von Lust und Begehren zu sprechen. Ich meine, es kommt drauf an..."
Schüler*in:	„Ich glaub das ist sowieso schwierig mit solchen Themen-"
Studierende:	„Nein, das meinte ich gar nicht, sondern mehr so eine Art Assoziationslandkarte, die beschreibt, was in einem Bild drinnen sein sollte, damit es bei einem Lust und Begehren weckt." [Mehrere reden durcheinander]
Schüler*in:	„Ich weiß nicht, ob mir das nicht ein bisschen zu-"
Mehrere:	„zu persönlich" [Zustimmung von anderen]
Studierende:	„Ist das zu persönlich?"
Schüler*Innen:	„Ja. Ja."
Schüler*in:	„Ich fand das eigentlich schon voll persönlich mit diesen Bildern, die wir gemacht haben."
Schüler*in:	„Ich auch eigentlich."
Schüler*in:	„Das fand ich schon sehr an der Grenze."
Studierende:	„Zu persönlich?"
Schüler*in:	„Ich fands an der Grenze."
Schüler*in:	„Ich find es schon schwer, anderen zu sagen, das ist meine Lust und mein Begehren."
Studierende:	„Gut, aber ich glaube das war bewusst so gehalten, das wir dann nicht drüber reden sollten." [Zustimmung]
Schüler*in:	„Deswegen fand ich das auch okay."

Abb. 49–53: Gestalterische Arbeiten zu einem Bildauschnitt

DISKUSSION ZU LUST UND BEGEHREN ALS THEMA DER BILDER

SOZIALFORM

Teilgruppen (4-8 Personen) oder Plenum

ZEIT

20 Minuten

MÖGLICHE ZIELE UND POTENTIALE DER ÜBUNG

- Anhand der Bilder über Lust und Begehren sprechen
- Bildinhalte und Gestaltungsformen in Bezug setzen
- Unterschiedliche Verständnisse und Repräsentationsweisen von Lust und Begehren wahrnehmen und benennen üben
- Spielraum für die Teilnehmenden, ihre inhaltlichen Interessen zum Thema einzubringen

MATERIAL

Ein Pool an Bildern (etwa 12-20 Stück) pro Gruppe

VORBEREITUNG

Diese Übung ist auf einen Pool an Bildern bezogen und sehr sprachzentriert. Sie bietet sich etwa nach einer gestalterischen Arbeit oder einer (individuellen) Beschäftigung mit einzelnen Bildern an.

ABLAUF

Die Teilnehmenden werden in Teilgruppen aufgeteilt (z.B. können zwei Analyse-Kleingruppen zusammengelegt werden) oder die Diskussion findet im Plenum statt. Grundlage der Diskussion sind etwa 15 bis 20 Bilder aus der vorhandenen Sammlung, die für alle gut sichtbar aufgelegt/gebeamt werden.
Die Gruppen diskutieren entweder selbständig anhand von Leitfragen oder die Diskussion wird von einer leitenden Person moderiert.

MÖGLICHE LEITFRAGEN ZUR ANREGUNG UND STRUKTURIERUNG DER DISKUSSION:

- Welche Bilder passen für euch gut zum Thema Lust und Begehren? Warum?
- Um wessen Lust und Begehren geht es in den Bildern?
- Worauf beziehen sich Lust und Begehren?
- Welche Bilder sind dabei, die für euch nicht zu den Begriffen Lust und Begehren passen? Warum? Welche Begriffe würden besser zu diesen Bildern passen?
- Bei welchen Bildern sind sich alle einig? Bei welchen Bildern seid ihr euch uneinig?

- Welche Argumente finden sich für die unterschiedlichen Einschätzungen?
- Gibt es Ähnlichkeiten zwischen manchen Bildern? Worin besteht die Ähnlichkeit?
- Gibt es Bilder, die besonders hervorstechen? Wenn ja, wodurch?
- Welche Bilder hättet ihr zum Thema Lust und Begehren erwartet, die nicht dabei sind? Welche Bilder fehlen euch? Warum?

ERFAHRUNGEN UND ANMERKUNGEN

Die Gruppe wurde für die Diskussion so geteilt, dass jeweils zwei Analyse-Kleingruppen zusammenarbeiteten. Die Diskussion bezog sich dann auf die Bilderpools dieser beiden Kleingruppen (also z.B. zu den Bilderpools zu Werbung und Kunst). Das heißt, dass die Kleingruppen ihre Bilder jeweils schon kannten, während ihnen jene der anderen Gruppe noch unbekannt waren.
In der Diskussion bzw. auch in einer Nachbesprechung der Methode kann etwa herausgearbeitet werden, um wessen Lust und Begehren es in den Bildern geht: Steht die Lust oder das Begehren einer oder mehrerer abgebildeter Person(en) im Zentrum? Oder soll das Bild bei den Betrachtenden Lust und/oder Begehren wecken? Worauf richten sich Lust und Begehren (auf Personen, Dinge, Genussmittel...)? Welche Personen werden als begehrend, welche als begehrt abgebildet? An dieser Stelle bietet es sich möglicherweise an, über Geschlechter- und Schönheitsnormen zu sprechen.

KOMMENTARE DER TEILNEHMENDEN

Diese Methode eignet sich, um...

...abzuschweifen
...andere Sichtweisen hereinzubringen
...sich spontan mit anderen Bildern auseinanderzusetzen
...genauer hinzusehen
...neue Themen zu öffnen und vorhandenes Wissen auszutauschen

Diese Methode eignet sich NICHT, um...

...ins Detail zu gehen

Zusammenfassung und Interpretation einer Diskussion über Lust und Begehren in den Bildern, verfasst von einer Studierenden:

Die Diskutierenden beschreiben, welche Bilder sie im Kontext Lust und Begehren verstehen und welche gar nicht. Dabei wird klar, dass Lust und Begehren nicht ausschließlich im sexuellen Kontext verstanden werden können. Auch die Lust auf etwas Essbares oder die Lust darauf, etwas Bestimmtes tun zu können, wird mit Lust und Begehren in Verbindung gebracht. Zudem wird Lust und Begehren nicht ausschließlich auf menschliche Körper bezogen. Als Beispiel wird Jakob Lena Knebls Arbeit mit der Gießkanne von Carl Auböck

herangezogen. Lust und Begehren kann auch in Bezug auf (Design-)Objekte verstanden und dargestellt werden.
Es wird Kritik an plakativen, stereotypischen Darstellungen der Werbung geäußert. Die Frau als Objekt der (männlichen) Begierde darzustellen wird als sexistisch wahrgenommen. Die Intention dieser Bilder, eine Verknüpfung mit Lust und Begehren erzeugen zu wollen wird erkannt, jedoch nicht so empfunden. Nackte Haut alleine ist, so wird deutlich, noch keine Garantie dafür, Lust und Begehren zu wecken; im Gegenteil, oft wirke ein Bild erst durch das Verdecken und Nichtzeigen ansprechend und lustvoll.
Erwähnt wird das Bild „Flaming Flamingos" von Katrina Daschner, auf welchem eine Gruppe rotgekleideter Menschen zu sehen sind, deren Gesichter von langen Haaren bedeckt sind. Ihre Körperhaltungen lassen darauf schließen, dass sie sich hinter den langen Haaren küssen. Zwei Teilnehmerinnen nehmen darauf Nähe, enge Räume zwischen den Menschen und Verborgendes wahr, interpretieren dies aber konträr: Für die eine Teilnehmerin entsteht durch dieses Verborgene eine Assoziation mit Lust und Begehren, für eine andere ist genau dieses Verborgene, Verschlossene fernab von Lust und Begehren.

Studierende: „Sind Bilder dabei, wo ihr sagen würdet, die beschreiben Lust und Begehren total gut?

Schüler*in: „Ja, die Mineralwasserwerbung, das trifft es sehr für mich und die Malerei von Alejandra Hernández [„Las tres gracias" 2016]. Das trifft es total für mich so auf den ersten Blick. [...]"

Schüler*in: „Die in der Badewanne, die würden für mich auch Lust und Begehren darstellen [Hugh Steers „Showers II" 1990] [...]"

Schüler*in: „Ich würde kein Bild wegtun, weil alles kann man halt irgendwie doch so interpretieren, dass es passt, wie zum Beispiel dieses Bild."

Studierende: „Jakob Lena Knebl?"

Schüler*in: „Ja, auch, schon."

Studierende: „Das geht halt in Richtung Fetisch, das kommt immer auf die eigenen Vorlieben an. Wie man halt mit Lust umgeht. [...]"

Schüler*in: „Das finde ich total schön, diese Frau da auf dem Sofa, diese Malerei [Jean Auguste Dominique Ingres „Grande Odalisque" 1814]. Ich find es total schön, aber es hat für mich nicht so mit Lust und Begehren zu tun, nur weil sie nackt ist."

Schüler*in: „Ich finde auch dieses Bild, wo sie dieses Experiment da gemacht hat [VALIE EXPORT "Tapp- und Tastkino" 1968]: Wenn man die Geschichten nicht kennt, ist es für mich auch nicht mit Lust und Begehren verbunden. [...]"

Studierende: „Ja, das ist so individuell, denk ich. Jede von uns würde Lust und Begehren anders beschreiben."

(Abschlussreflexion)

Die Quellenangaben zu diesen Bildern bzw. Illustrationen finden sich im Abbildungsverzeichnis unter Abb. 12, 13, 16, 17, 19, 29.

RE-KONTEXTUALISIERUNG VON BILDERN

SOZIALFORM

Kleingruppen

ZEIT

20–25 Minuten

MÖGLICHE ZIELE UND POTENTIALE DER ÜBUNG

- Reflexionen über den Zusammenhang von Bild-Kontext und Bildwirkung anstoßen
- Die Methode soll die Arbeitssituation auflockern und Austausch zwischen den Kleingruppen ermöglichen

MATERIAL

- Mobiltelefone oder Kameras
- Verfügbare Alltagsgegenstände
- Zugang zu verschiedenen Räumlichkeiten
- Ein Bild aus einem Bilderpool (siehe Materialbeschreibung der Methode **ASSOZIATIONSSAMMLUNG**, S. 54)

VORBEREITUNG

Es ist gut, wenn die Teilnehmenden die Bilder der anderen Gruppen vor dieser Übung bereits kennen. Eine Möglichkeit dafür sind **WIRBELGRUPPEN** (S. 68).
Im Plenum wird einleitend besprochen, an welchen Orten und in welchen Kontexten Werbebilder, Social-Media-Bilder, Bilder der Kunst oder sexualpädagogisches Bildmaterial präsentiert werden und wie der jeweilige Kontext die Wirkung der Bilder auf die Betrachtenden mitbestimmt.

ABLAUF

Ein Bild soll in einen neuen, eventuell ungewohnten Zusammenhang gesetzt werden. Nach Zuteilung durch die Leiter*innen erhalten die Kleingruppen die Aufgabe für eine der anderen Gruppen einen Auftrag zu entwickeln, wie die Bildwirkung verändert werden soll, z.B. „Setzt das Bild in einen Kontext, indem es möglichst unerotisch wirkt." Die Gruppe die den Auftrag erhält, überlegt sich in Folge, wie sie das Bild präsentieren könnte bzw. in welchen Kontext sie das Bild setzen kann, um die beauftragte Bildwirkung zu erzielen. Diese ‚Re-Kontextualisierungen' werden anschließend fotografisch festgehalten und zu anschließend gesichtet und besprochen.

VORSCHLAG ZUR WEITERARBEIT

FRAGENBASIERTE REFLEXION (S. 86-87), **BILDER SAMMELN** (S. 80) und **BILDERNETZE ERSTELLEN** (S. 84)

ERFAHRUNGEN UND ANMERKUNGEN

Von den Teilnehmenden haben wir die Rückmeldung erhalten, dass sie gerne mehr Zeit gehabt hätten, um die Ergebnisse dieser Übung zu besprechen.

KOMMENTARE DER TEILNEHMENDEN

A: „Bei der Übung, bei der wir das Bild in einen neuen Kontext setzen sollten, ist unsere Variante sehr kitschig geworden…"

B: „Das war doch mehr eine Spaß-Übung, hatte ich das Gefühl. [Zustimmung] Aber ich denke, das war auch gut so."

C: „Genau das braucht es doch auch. [Zustimmung] Wenn man zusammen in Gruppen arbeitet und dann ist man an mehrere Tage zusammen, dann wird das ja unglaublich langweilig, wenn man nur analysiert und nur redet und wenn man nicht so Aufgaben drin hat, wo man auch etwas komplett anderes macht oder wo man nicht miteinander redet."

A: „Ich meinte das gar nicht so sehr als Kritik. Ich fand es auch sehr humorvoll und leicht. Aber eben nicht so, dass dabei etwas entstanden ist, das relevant für das Thema ‚Lust und Begehren in Bildern bearbeiten' ist."

(Studierende im Reflexionsgespräch)

54

55

Abb. 54: Foto zum Auftrag „Lasst das Bild möglichst humorvoll wirken"

Abb. 55: Foto zum Auftrag „Setzt das Bild in einen Kontext, in dem es romantisch wirkt"

BILDER SAMMELN

SOZIALFORM

Einzelarbeit außerhalb des Unterrichts

ZEIT

variabel

MÖGLICHE ZIELE UND POTENTIALE DER ÜBUNG

- Die eigenständige Auseinandersetzung mit Bildern zur Thematik bzw. dem Thema Lust und Begehren anregen
- Für sich selbst entscheiden, welche Bilder in die Gruppe eingebracht werden wollen
- Sich mit Ähnlichkeiten in Bildmotiven, Bildgestaltung etc. auseinandersetzen

MATERIAL

- Ein Ausgangsbild pro Person sowie ein konkreter Sammelauftrag
- Ev. ein Handout mit Hinweisen, welche Bilder (nicht) mitgebracht werden sollen

VORBEREITUNG

Das Bilder-Sammeln kann unterschiedlich gestaltet sein: Die Teilnehmenden können etwa aufgefordert werden, sich ein Bild aus dem Bilderpool auszusuchen von dem ausgehend sie weitere Bilder zum Thema Lust und Begehren sammeln. Eine andere Möglichkeit ist, dass die Teilnehmenden Kärtchen mit Orten oder Medien ziehen, in denen sie Bilder zu Lust und Begehren sammeln sollen.

Beispiele für Medien:
Social Media Plattformen, Stills aus Musikvideos oder Filmen, Tageszeitungen, Magazine, Werbebroschüren, Schulbücher etc.

Beispiele für Orte:
Schulweg, öffentliche Verkehrsmittel, religiöse Einrichtungen, Jugendzentrum, Schulgebäude, Park, Bahnhof, Einkaufszentrum etc.

Die Anzahl der zu sammelnden Bilder kann festgelegt werden (z.B. 2-3 pro Person) oder freigestellt werden. Geklärt werden muss, in welcher Form die Bilder mitgebracht werden soll. Damit das Bilder-Sammeln und Mitbringen organisatorisch gut funktioniert, ist es sinnvoll, sich hierbei an den Üblichkeiten zu orientieren und etwa Lernplattformen zu benutzen, auf die sie hochgeladen werden können oder sich die Bilder per E-Mail oder Messenger-Dienst schicken zu lassen, damit die Lehrperson sie ausdrucken kann. Wichtig ist auch zu besprechen, welche Kontextinformation zu den Bildern mitgebracht werden sollen. Auf jeden Fall muss die Quelle des Bildes vermerkt werden.

Vorbereitend muss auch besprochen werden, welche Bilder nicht mitgebracht werden können, also etwa private Bilder oder pornografische Bilder. Dies kann auf einem Handout festgehalten werden. Wichtig ist auch, gemeinsam zu besprechen, ob die Bilder anschließend anonymisiert verwendet werden oder ob sichtbar sein soll, wer welche Bilder mitgebracht hat.

ABLAUF

Die Teilnehmenden wählen bzw. erhalten ihr Ausgangsbild bzw. ihren Sammelauftrag und sammeln im vereinbarten Zeitraum auf die besprochene Weise Bilder zum gemeinsamen Thema. Wenn die Bilder von den Teilnehmenden nicht selbst ausgedruckt mitgebracht, sondern digital geschickt oder hochgeladen werden, druckt die leitende Person sie für die Weiterarbeit aus. Wir haben dafür ein einheitliches Format (DIN A5) sowie ein festeres Papier (180 g) gewählt, damit die Bilder die Handhabung im Unterricht länger überdauern.

ERFAHRUNGEN UND ANMERKUNGEN

In der Methodenwerkstatt haben die Teilnehmenden ein Bild aus einem bereitgestellten Bilderpool gewählt und davon ausgehend mehrere Bilder gesammelt. Beispielsweise sammelte ein*e Schüler*in ausgehend von einem Instagram-Post von Beyoncé, mit welchem sie ihre Schwangerschaft bekannt gemacht hat, Bilder anhand derer erkenntlich wurde, wie die Darstellung der schwangeren Performerin Beyoncé auf ikonografische Mariendarstellungen zurückgreift und welche Bedeutungen damit produziert werden.

In einem anderen Forschungsstudio des Projekts *Imagining Desires* wurde diese Methode mit einem Schwerpunkt auf sexuell konnotierten Alltagsbildern eingesetzt. Ausgangspunkt für das Sammeln waren dabei Orte und Medien, in denen die teilnehmenden Schüler*innen im Alter von 13-15 Jahren Bilder sammeln sollten. Sie bekamen dazu ein vorher besprochenes Handout mit Informationen (Welche Bilder nicht sammeln? Welche Information mit dem Bild schicken? usw.). Nicht alle Schüler*innen sammelten Bilder, wobei die Gründe dafür unterschiedliche waren (vergessen, Handy kaputt, nicht wollen, die Aufgabe komisch finden…). In diesem Forschungsstudio wurden die Bilder ebenfalls auf A5 ausgedruckt und anschließend nach verschiedenen Kriterien sortiert, auf bestimmte Aspekte hin diskutiert, körperlich nachgestellt usw.

SAMMELAUFTRAG

Finde und fotografiere zwei Bilder die Sexualität thematisieren.

1. Auftrag: ______________________________

2. Auftrag: ______________________________

⇨ Nur aufgefundene Bilder fotografieren.
↳ Keine gestellten Szenen fotografieren.

GANZ WICHTIG: BITTE UNBEDINGT AUFTRAG & FUNDORT ANGEBEN:

Zum Beispiel:
– Auftrag: Internet, Fundort: Anaconda Video von Niki Minaj auf Youtube
– Auftrag: Zeitung, Fundort: Heute Zeitung 19.12.2018
– Auftrag: Schulweg, Fundort: Bipa Schaufenster an der Schweglerstraße

Die zwei gemachten Bilder bis ____________
schicken an ____________

SOLCHE BILDER SOLLEN NICHT GESAMMELT WERDEN:

Pornografische Bilder

Pornographische Bilder sind Bilder, die der sexuellen Erregung dienen und sexuelle Handlung darstellen oder Großaufnahmen von Sexualorganen zeigen.
⇨ *Wer ein solches Bild findet, schreibt Begriffe zum Bild auf ein Blatt und fotografiert dieses.*

Private Bilder

Auf den Bilder dürfen keine Personen aus der Klasse oder aus der Schule abgebildet sein. Keine Bilder aus privaten Fotoalben.

Schwierige Bilder

Bilder, die zwar nicht verboten und nicht privat sind, aber unangenehm, gewaltvoll, diskriminierend etc.
⇨ *Diese Bilder können mitgebracht werden.*
⇨ *Wer sie nicht mitbringen will, kann auch ein Blatt mit Begriffen fotografieren, die das Bild beschreiben.*

BILDERNETZ ERSTELLEN

SOZIALFORM

Kleingruppen (4-6 Personen)

ZEIT

45 Minuten

MÖGLICHE ZIELE UND POTENTIALE DER ÜBUNG

- Die Wirkung eines Bildes im Zusammenspiel mit seinem Kontext als veränderbar erleben
- Darstellungsstrategien und -konventionen erkennbar und besprechbar machen, die sich aus einen Einzelbild nicht ableiten lassen (z.B. Welche Konventionen gibt es bei Darstellungen von Verliebten?)

MATERIAL

- Große Auswahl möglichst vielfältiger Bilder zu einem bestimmten Thema
- Tische und idealweiser Magnet- oder Pinnwände

VORBEREITUNG

Die Teilnehmenden sollen für diese Methode eigene Bilder sammeln und mitbringen bzw. im Vorfeld an die Leitenden schicken, die sie dann ausdrucken (siehe Vorbereitung **BILDER SAMMELN**). Ausgangspunkt für das Sammeln weiterer Bilder kann ein Bild aus dem bestehenden Pool sein, welches sich die Teilnehmenden aussuchen und mitnehmen können.

ABLAUF

Die Bilder der gesamten Sammlung sollen in unterschiedliche Ordnungen gebracht werden, was durch die Befestigung an einer magnetischen Tafel passiert (auch Auflegen am Tisch ist möglich, aber weniger übersichtlich).
In einem ersten Schritt soll eine Auswahl der vorhandenen Bilder nach ein bis zwei der folgenden Kriterien geordnet werden:

- Medium (Fotografie, Gemälde…)
- Farben
- Motive
- kompositorische Ähnlichkeiten
- …oder ein eigenes Kriterium der Gruppe

In einem nächsten Schritt soll die Gruppe gemeinsam die Bilder intuitiv und assoziativ zueinander in Beziehung setzen. Alles ist erlaubt: hinzufügen, umlegen, wegnehmen… (Diese Methode kann auch ohne Sprechen ausprobiert werden).

In einem abschließenden Schritt soll das nun entstandene Bildernetz in der Gruppe gedeutet werden und dazu um Linien, Pfeile, Symbole, Wortgruppen, Markierungen für Leerstellen etc. ergänzt werden.

VORSCHLAG ZUR WEITERARBEIT

Gegenseitiges Präsentieren der entstandenen Bildernetze

ERFAHRUNGEN UND ANMERKUNGEN

Für die Methode **BILDERNETZ ERSTELLEN** war es hilfreich, auf die künstlerische Arbeit von Johanna Braun „Thou Shalt Not Suffer a Witch to Live (On Mass Hysteria I)" Bezug nehmen zu können, die alle Teilnehmenden im Rahmen der ersten Einheit im Kunstraum Niederösterreich kennengelernt hatten. Die Arbeit ist eine Wandinstallation, die sich als Bilderatlas im Sinne Aby Warburgs versteht.

Bei einer Gruppe hat der Auftrag, die Bilder nach bestimmten Kategorien zu ordnen so lange gedauert, dass der folgende Schritt – ein vielschichtiges Bildernetz zu erstellen – nicht mehr erfolgt ist.

Diese Übung war die einzige, bei der die Bilder einbezogen wurden, die die Teilnehmenden gesammelt hatten. Im Nachhinein betrachtet hätten wir den gesammelten Bildern gerne mehr Raum und Aufmerksamkeit gegeben als sie im Rahmen dieser Übung bekommen haben. Eventuell kann mit den gesammelten Bildern zunächst im Rahmen einer anderen Methode gearbeitet werden. Oder aber die gesammelten Bilder werden zunächst um das Ausgangsbild aufgelegt und besprochen, bevor zum Bildernetz übergegangen wird.

KOMMENTARE DER TEILNEHMENDEN

„Ich fand das heute echt gut mit diesen Bildern – die Anordnung, dass man einfach die Zusammenhänge von verschiedenen Bildern herausarbeiten kann." (Schüler*in, Abschlussreflexion)

„Ich finde, das könnte man auch als Kennenlernen-Aufgabe machen, weil wenn man darüber redet, weiß man gleich ob es viele ähnliche oder verschiedene Meinungen in der Gruppe gibt. Vielleicht." (Schüler*in, Abschlussreflexion)

Abb. 56: Dokumentation eines Bildernetzes aus der Methodenwerkstatt

REFLEXIONSMETHODEN

Die Methodenwerkstatt war an der Frage orientiert, welche bilderschließenden Methoden ein differenziertes und normenkritisches Wahrnehmen von und Sprechen über Bilder zu Lust und Begehren unterstützen können. Diese forschende Auseinandersetzung wurde durch fragengeleiteten Reflexionsprozessen gestaltet, an denen alle Beteiligten teilnahmen und die in unterschiedlicher Form (Fragebogen, Reflexion auf Plakaten, fragengeleitetes Reflexionsgespräch) gestaltet und dokumentiert wurden. Die Methoden können auch abseits von Forschungskontexten zur Reflexion eingesetzt werden.

REFLEXIONSFRAGEBOGEN

Bildgenre:

SELBSTBEFORSCHUNG: REFLEXIONSFRAGEN

Spannend für mich war...

Ich hätte nicht gedacht, dass...

Die Methode ____________________ war besonders erkenntnisreich für das bearbeitete Bild, weil...

Die Methode ____________________ war wenig erkenntnisreich für das bearbeitete Bild, weil...

Wenn ich das Bild nach der gemeinsamen Arbeit nochmals anschaue...

Die gemeinsame Arbeit mit den Bildern in der Kleingruppe war für mich...

Was ich sonst noch wichtig finde...

REFLEXION AUF PLAKATEN („STILLER DIALOG“)

Es werden Plakate oder Flipcharts mit Fragen im Raum verteilt aufgehängt oder aufgelegt. Die Teilnehmenden bewegen sich frei zwischen diesen und notieren ihre Antworten zu den Fragen bzw. kommentieren die Antworten von anderen.

FRAGENGELEITETES REFLEXIONSGESPRÄCH (PLENUM ODER KLEINGRUPPEN)

Diese Reflexionsgespräche wurden jeweils durch ein Thema, eine vorgegebene Zeit und Leitfragen vorstrukturiert (siehe auch **DISKUSSION ZU LUST UND BEGEHREN** S. 74).

LEITFRAGEN FÜR ABSCHLUSSREFLEXION

Wir haben im Rahmen des Forschungsstudios an unterschiedlichen Orten gearbeitet. Welchen Einfluss hatte eurer Meinung nach der Ort auf das Sprechen über Bilder und insbesondere über Bilder zu Lust und Begehren?

Wir haben mit unterschiedlichen Methoden zu Bildern gearbeitet. Welche Methoden haben die intensivste Auseinandersetzung mit dem Thema Lust/Begehren ermöglicht? Warum?

Wenn wir nochmals mit einer Gruppe von Schüler*innen (in ähnlichem Alter) zu Bilder von Lust/Begehren arbeiten, was sollten wir eurer Meinung nach genau so machen wie mit euch? Was sollten wir anders machen? Warum?

Was wäre an der Arbeit mit den Bildern zu Lust/Begehren anders gewesen, wenn ihr in einer reinen Schüler*innengruppe/Studierendengruppe gearbeitet hättet und nicht in dieser gemischten Zusammensetzung?

LITERATUR- UND QUELLENVERZEICHNIS

BECK, ANGELIKA (2004): Lust auf mehr – neue Bilder von da unten. Kunst-volle Sexualpädagogik im Museum für Moderne Kunst. In: Timmermanns, Stefan/Tuider, Elisabeth/Sielert, Uwe (Hg.): Sexualpädagogik weiter denken. Postmoderne Entgrenzungen und pädagogische Orientierungsversuche. Weinheim/München: Juventa, S. 219-240.

BECK, ANGELIKA (2016): Let's switch! Mit Jugendlichen unterwegs zwischen Sex und Kunst. In: Thuswald, Marion/Sattler, Elisabeth (Hg.): teaching desires. Möglichkeitsräume sexueller Bildung im künstlerisch-gestalterischen Unterricht. Wien: Löcker, S. 33-56.

BERING, KUNIBERT (2017): Bild/Bildverständnis. In: Bering, Kunibert/Niehoff, Rolf/Pauls, Karina (Hg.): Lexikon der Kunstpädagogik. Oberhausen: Athena, S. 89-93.

BMBF - BUNDESMINISTERIUM FÜR BILDUNG UND FRAUEN (2015): Grundsatzerlass Sexualpädagogik. Online unter: https://bildung.bmbwf.gv.at/ministerium/rs/2015_11.pdf?61edq8 [01.02.2018]

BODE MUSEUM IN BERLIN (o.J.): Vermittlungsformat mit dem Titel „Let's talk about Sex! Gender und vielfältige geschlechtliche Lebensweisen in der Kunst". Online unter: https://www.smb.museum/museen-und-einrichtungen/bode-museum/bildung-vermittlung/schulen-kindertagesstaetten/detailansicht-angebote-fuer-schulen-kindertageseinrichtungen.html?tx_smb_pi1%5BschoolOffer%5D=64310 [03.08.2019]

BRITISH MUSEUM IN LONDON (o.J.): Vermittlungsformat mit dem Titel „Relationship and Sex Education". Online unter: https://www.britishmuseum.org/learning/schools_and_teachers/sessions/sex_and_relationship_education.aspx [03.08.2019]

BUSCHE, MART/HARTMANN, JUTTA/NETTKE, TOBIAS/STREIB-BRZIĆ, ULI (2019): Heteronormativitätskritische Jugendbildung. Reflexionen am Beispiel eines museumspädagogischen Modellprojekts. Bielefeld: transcript.

BZGA - BUNDESZENTRALE FÜR GESUNDHEITLICHE AUFKLÄRUNG (2004): Richtlinien und Lehrpläne zur Sexualerziehung. Eine Analyse der Inhalte, Normen, Werte und Methoden zur Sexualaufklärung in den sechszehn Ländern der Bundesrepublik Deutschland. Eine Expertise im Auftrag der BZgA von Andrea Hilgers unter Mitarbeit von Susanne Kenzer und Nadja Nundhenke. Online unter: https://frl.publisso.de/resource/frl:2794679-1/data [22.07.2019]

CZEJKOWSKA, AGNIESZKA/ORTNER, ROSEMARIE/THUSWALD, MARION (Hg.) (2015): facing differences. Materialien für differenzsensible Vermittlung in pädagogischer Aus- und Weiterbildung. Sonderband II in der Reihe Arts & Culture & Education. Wien: Löcker. Online-Materialien unter: http://www.facingthedifferences.at [05.08.2019]

DALHOFF, MARIA/EDER, SEVIL (2016): Sexuelle Bildung der Unbequemlichkeiten. Über die Notwendigkeit die Prävention von sexualisierter Gewalt mit Diversity Education zusammenzudenken. In: Thuswald, Marion/Sattler, Elisabeth (Hg.): teaching desires. Möglichkeitsräume sexueller Bildung im künstlerisch-gestalterischen Unterricht. Wien: Löcker, S. 83-96.

DEBUS, KATHARINA (2016): Nicht-diskriminierende Sexualpädagogik. In: Scheer, Albert/El-Mafaalani, Aladin/Yüksel, Emine Gökçen (Hg.): Handbuch Diskriminierung. Wiesbaden: Springer VS, S. 811-833.

DEBUS, KATHARINA (2020): Nicht-diskriminierende Sexualpädagogik. In: Thuswald, Marion/Sattler, Elisabeth (Hg): Sexualität, Intimität, Körperlichkeit. Professionelle Herausforderungen und Handlungsspielräume in der Schule. (im Erscheinen)

DISSENS – INSTITUT FÜR BILDUNG UND FORSCHUNG E.V. (o.J.): Diverse Materialien und Methodenbeschreibungen. Online unter: https://www.dissens.de/materialien/paedagogische-materialien.html [02.08.2019]

EXPERTENGRUPPE SEXUALAUFKLÄRUNG (2017): Expertenbericht Sexualaufklärung in der Schweiz mit Bezug zu internationalen Leitpapieren und ausgewählten Vergleichsländern. Online unter: https://www.bag.admin.ch/bag/de/home/gesund-leben/gesundheitsfoerderung-und-praevention/praevention-fuer-kinder-und-jugendliche/sexualaufklaerung.html [29.07.2019]

FORSCHUNGSSTELLE KULTURGESCHICHTE DER SEXUALITÄT AN DER HUMBOLDT UNIVERSITÄT ZU BERLIN (o.J.): Online unter: https://www.literatur.hu-berlin.de/de/forschung/archive-forschungsstellen/forschungsstelle-kulturgeschichte-der-sexualitaet/projekte [03.08.2019]

HARTMANN, JUTTA (2004): Dynamisierung in der Triade Geschlecht – Sexualität – Lebensform. Dekonstruktive Perspektiven und alltägliches Veränderungshandeln in der Pädagogik. In: Timmermanns, Stefan/Tuider, Elisabeth/Sielert, Uwe (Hg.): Sexualpädagogik weiter denken. Postmoderne Entgrenzungen und pädagogische Orientierungsversuche. Weinheim/München.: Juventa, S. 59-78.

HENNING, ANN-MARLENE/BREMER-OLSZEWSKI, TINA (2012): MAKE LOVE. Ein Aufklärungsbuch. Mit Fotografien von Heji Shin. Berlin: Rogner & Bernhard.

HUBER, MARTY (2014): Toolbox Verletzende Sprache angehen! Online unter: https://www.igkultur.at/index.php/projekt/check-facts/toolbox-verletzende-sprache-angehen [02.08.2019]

IKL – INSTITUT FÜR DAS KÜNSTLERISCHE LEHRAMT (2017): Curriculum für die Bachelorstudien der Studienrichtung Künstlerisches Lehramt (Studienkennzahl 196). Online unter: https://www.akbild.ac.at/Portal/studium/studienrichtungen/kunstlerisches-lehramt/CurriculumfurdieMasterstudienVersion201718.pdf [20.07.2017]

IMAGINING DESIRES (2019): Materialien aus dem Forschungs- und Bildungsprojekt Imagining Desires. Online unter: http://www.imaginingdesires.at [03.08.2019]

JUGENDINFO WIEN (o.J.): Diverse Broschüren. Online unter: https://www.wienxtra.at/jugendinfo/broschueren [03.08.2019]

LIL* – ZENTRUM FÜR SEXUELLE BILDUNG, KOMMUNIKATIONS- UND GESUNDHEITSFÖRDERUNG (o.J.): Pornografie. Gesetz. Online unter: https://www.feel-ok.at/de_AT/jugendliche/themen/liebe_sexualitaet/themen/pornografie/infos/gesetz.cfm [14.01.2019]

LÜTH, NANA/MÖRSCH, CARMEN (2014): Queering (next) Art Education. Kunst/Pädagogik zur Verschiebung dominanter Zugehörigkeitsordnungen. In: Meyer, Torsten/Kolb, Gila (Hg.): what´s next? Art Education. Ein Reader. München: kopaed, S. 188-190.

MECHERIL, PAUL (2003): Prekäre Verhältnisse. Über natio-ethno-kulturelle (Mehrfach-)Zugehörigkeit. Münster: Waxmann Verlag.

NAOMI WILZIG COLLECTION (o.J.): Eine Kunstsammlung zur Kulturgeschichte der Sexualität. Online unter: http://www.weam.com/collection [03.08.2019]

NIEHOFF, ROLF (2017): Bildkompetenz. In: Bering, Kunibert/Niehoff, Rolf/Pauls, Karina (Hg.): Lexikon der Kunstpädagogik. Oberhausen: Athena, S. 100-103.

ORTNER, ROSEMARIE/THUSWALD, MARION (2013): Wer ist jetzt eigentlich Wir? Heterogene Kollektivität in Forschungs-Bildungsprozessen. In: Jähnert, Gabriele/Aleksander, Karin/Kriszio, Marianne (Hg.): Kollektivität nach der Subjektkritik. Geschlechtertheoretische Positionierungen. Bielefeld: transcript, S. 367-371.

PEEZ, GEORG (2012): Einführung in die Kunstpädagogik. Stuttgart: Kohlhammer.

SATTLER, ELISABETH/THUSWALD, MARION (2019): Sparkling Student Research? Vom Forschen lernen Studierender des künstlerischen Lehramts im Rahmen von partizipativen Forschungsprojekten. In: Kunz, Ruth/ Peters, Maria (Hg.): Der professionalisierte Blick. Forschendes Studieren in der Kunstpädagogik. München: kopaed, S. 530-546.

SCHAFFER, JOHANNA (2008): Ambivalenzen der Sichtbarkeit. Über die visuellen Strukturen der Anerkennung. Bielefeld: transcript.

SCHMUTZER, KARLA (2016): Körperbilder und Proportionsregeln im Kunstunterricht durchkreuzen. In: Thuswald, Marion/Sattler, Elisabeth (2016): teaching desires. Möglichkeitsräume sexueller Bildung im künstlerisch-gestalterischen Unterricht. Wien: Löcker, S. 106-126.

SCHOPPE, ANDREAS (2013): Bildzugänge. Methodische Impulse für den Unterricht. Seelze: Klett/Kallmeyer.

SELBSTLAUT (2014): Handlung, Spiel & Räume. Leitfaden für Pädagoginnen und Pädagogen zum präventiven Handeln gegen sexuelle Gewalt an Kindern und Jugendlichen. Erstellt im Auftrag des Bundesministeriums für Unterricht, Kunst und Kultur. Online unter: https://selbstlaut.org/ publikationen-und-materialien/unsere-publikationen/ [01.08.2019]

SELBSTLAUT (2017 [2011]): Ganz schön intim. Sexualerziehung für 6-12 Jährige. Unterrichtsmaterialien zum Download. Erstellt im Auftrag des Bundesminsteriums für Unterricht, Kunst und Kultur. Online unter: https://selbstlaut. org/publikationen-und-materialien/ [02.08.2019]

SETTELE, BERNADETT (2014): Queer Art Education. In: Meyer, Torsten/Kolb, Gila (Hg.): what´s next? Art Education. Ein Reader. München: kopaed, S. 308-311.

THUSWALD, MARION/SATTLER, ELISABETH (Hg.) (2016): teaching desires. Möglichkeitsräume sexueller Bildung im künstlerisch-gestalterischen Unterricht. Wien: Löcker.

TUIDER, ELISABETH/MÜLLER, MARIO/TIMMERMANNS, STEFAN/BRUNS-BACHMANN, PETRA/KOPPERMANN, CAROLA (Hg.) (2012 [2008]): Sexualpädagogik der Vielfalt. Praxismethoden zu Identitäten, Beziehungen, Körper und Prävention für Schule und Jugendarbeit. Weinheim/Basel: Juventa.

THUSWALD, MARION/SATTLER, ELISABETH (2019): Critical Diversity in der kulturellen und sexuellen Bildung. Einblicke in das kunst- und sexualpädagogische Projekt Imagining Desires. In: Christof, Eveline/Köhler, Julia (Hg.): Kulturelle Bildung in der Schule. schulheft 175/3. Innsbruck/Wien/ Bozen: Studienverlag (im Erscheinen).

UNGER, HELLA VON (2014): Partizipative Forschung. Einführung in die Forschungspraxis. Wiesbaden: Springer VS.

WHO REGIONAL OFFICE FOR EUROPE/BZGA - BUNDESZENTRALE FÜR GESUNDHEITLICHE AUFKLÄRUNG (2010): Standards for Sex Education in Europe. A framework for policy makers, educational and health authorities and specialists. Online unter: http://www.bzga-whocc.de/fileadmin/user_upload/WHO_BZgA_Standards_English.pdf [28.02.2018]

MATERIALLISTE

SAMMLUNGEN DIDAKTISCHER MATERIALIEN

BZGA - BUNDESZENTRALE FÜR GESUNDHEITLICHE AUFKLÄRUNG DEUTSCHLAND: Diverse sexualpädagogische Materialien: Online unter: https://publikationen.sexualaufklaerung.de/materialien/ [02.08.2019]

DISSENS - INSTITUT FÜR BILDUNG UND FORSCHUNG E.V.: Diverse Materialien und Methodenbeschreibungen. Online unter: https://www.dissens.de/materialien/paedagogische-materialien.html [02.08.2019]

GUALDI, MILES/MARTELLI, MATTEO/WILHELM, WOLFGANG/BIEDRON, ROBERT/GRAGLIA, MARGHERITA/PIETRANTONI, LUCA (2009): Bullying im Klassenzimmer. Wie du es bekämpfen kannst. Online unter: https://www.wien.gv.at/menschen/queer/pdf/bullying-klassenzimmer.pdf [02.08.2019]

GUALDI, MILES/MARTELLI, MATTEO/WILHELM, WOLFGANG/BIEDRON, ROBERT/GRAGLIA, MARGHERITA/PIETRANTONI, LUCA (2009): Bullying in der Schule. Ein Leitfaden für LehrerInnen und Schulpersonal. Online unter: https://www.wien.gv.at/menschen/queer/pdf/bullying-schule.pdf [02.08.2019]

HUBER, MARTY (2014): Toolbox Verletzende Sprache angehen! Online unter: https://www.igkultur.at/index.php/projekt/check-facts/toolbox-verletzende-sprache-angehen [02.08.2019]

IMAGINING DESIRES (2019): Materialien aus dem Forschungs- und Bildungsprojekt Imagining Desires. Online unter: http://www.imaginingdesires.at [02.08.2019]

INITIATIVE INTERSEKTIONALE PÄDAGOGIK (o.J.): Intersektionale Pädagogik. Handreichung für Sozialarbeiter_innen, Erzieher_innen, Lehrkräfte und

die, die es noch werden wollen. Online unter: http://ipaed.blogsport.de/images/IPD.pdf [03.08.2019]
Methoden und Praxisberichte

INSTITUT FÜR SEXUALPÄDAGOGIK WIEN: Film und Begleitmaterial zum Film „Sex we can?!". Online unter: www.sexwecan.at; Material online unter: http://www.sexualpäaedagogik.at/sex-we-can/ [02.08.2019]

JUGEND AM WERK (2012): Sexualität. Informationen in leichter Sprache. Wien: o.V. Online unter: https://www.jaw.at/de/aktuelles/157/Broschuere-Sexualitaet-Informationen-in-leichter-Sprache [06.09.2019]

KAHRER, BETTINA/WAGNER, SALVA (2018): Sex, was? Lehr-, Lern- und Methodenbuch zur sexuellen und reproduktiven Bildung. Herausgegeben von der Österreichischen Gesellschaft für Familienplanung. Wien: Eigenverlag.

KIMMEL, BIRGIT/RACK, STEFANIE/SCHNELL, CONSTANTIN/HAHN, FRANZISKA/HARTL, JOHANN (2011): Let's talk about Porno. Jugendsexualität, Internet und Pornografie. Arbeitsmaterialien für Schule und Jugendarbeit. Online unter: http://www.klicksafe.de/themen/problematische-inhalte/ [02.08.2019]

KÖR - KUNST IM ÖFFENTLICHEN RAUM GMBH/WAST - WIENER ANTIDISKRIMINIERUNGSSTELLE FÜR GLEICHGESCHLECHTLICHE UND TRANSGENDER LEBENSWEISEN (Hg.) (2013): Schulunterlagen „Orientierungen, Identitäten und Kunst". Wien: o.V.
Diese Material- und Bildersammlung kann bei der Wiener Antidiskriminierungsstelle für gleichgeschlechtliche und transgender Lebensweisen unter wast@gif.wien.gv.at bestellt werden.

ÖSTERREICHISCHES INSTITUT FÜR ANGEWANDTE TELEKOMMUNIKATION (Hg.) (2012): Sex und Gewalt in digitalen Medien. Prävention, Hilfe & Beratung. Ch@dvice – Handbuch für Pädagog/innen. Online unter: https://www.saferinternet.at/fileadmin/categorized/Materialien/Sex_und_Gewalt_in_digitalen_Medien.pdf [02.08.2019]

QUEERFORMAT – Bildungsinstitiative Berliner Bildungsträger KomBi (Kommunikation und Bildung) und ABqueer (Aufklärung und Beratung zu queeren Lebensweisen). Online unter: http://www.queerformat.de [02.08.2019].

SELBSTLAUT (2014): Handlung, Spiel & Räume. Leitfaden für Pädagoginnen und Pädagogen zum präventiven Handeln gegen sexuelle Gewalt an Kindern und Jugendlichen. Erstellt im Auftrag des Bundesminsteriums für Unterricht, Kunst und Kultur. Online unter: https://selbstlaut.org/publikationen-und-materialien/unsere-publikationen/ [01.08.2019]

SELBSTLAUT (2017 [2011]): Ganz schön intim. Sexualerziehung für 6-12 Jährige.

Unterrichtsmaterialien zum Download. Erstellt im Auftrag des Bundesminsteriums für Unterricht, Kunst und Kultur. Online unter: https://selbstlaut.org/publikationen-und-materialien/ [02.08.2019]

SELBSTLAUT (o.J): Diverse (didaktische) Materialien. Online unter: https://selbstlaut.org/publikationen-und-materialien/unsere-materialien/ [02.08.2019]

THE IMAGINE TOOLKIT (o.J.): Online unter: https://www.poika.at/fileadmin/poika/pdf/imagine-report-v13.pdf [03.08.2019]
Englischsprachige Methodensammlung zu Themen wie Männlichkeit, Stereotypen, Sexuelle Gewalt und Konsens

MATERIALIEN FÜR KINDER UND JUGENDLICHE

AXSTER, LILLY/AEBI, CHRISTINE (2012): Das machen? Projektwoche Sexualerziehung in der Klasse 4c. Gumpoldskirchen: D.E.A. Verlag. In mehreren Sprachen unter: http://dasmachen.net/ [01.08.2019]

BAILEY, JACQUI (2008): Sex, Zahnspangen und der andere Stress. Pubertät überstehen – so geht's! Mühlheim/Ruhr: Verlag an der Ruhr.

BFF - BUNDESVERBAND FRAUENBERATUNGSSTELLEN UND FRAUENNOTRUFE (2018): Was geht bei euch? Online unter: https://was-geht-bei-euch.de [02.08.2019]
Material einer Kampagne für gewaltfreie Beziehungen auf Augenhöhe. Drei Plakate mit Beziehungstests zu den Themen Sex, Reden in der Beziehung und Nähe.

BZGA - BUNDESZENTRALE FÜR GESUNDHEITLICHE AUFKLÄRUNG: Diverse Broschüren für Jugendliche. Online unter: https://publikationen.sexualaufklaerung.de/themen/ [02.08.2019]

BZGA - BUNDESZENTRALE FÜR GESUNDHEITLICHE AUFKLÄRUNG: Loveline. Online unter: https://www.loveline.de [02.08.2019]
Jugend-Website zu Liebe, Partnerschaft, Sexualität, Verhütung

COLE, BABETTE (2003): Mami hat ein Ei gelegt. Oberentfelden: Verlag Sauerländer.

EISMANN, SONJA/KÖVER, CHRISTINA/BURGER, DANIELA (2013): Glückwunsch, du bist ein Mädchen! Eine Anleitung zum Klarkommen. Weinheim/Basel: Beltz & Gelberg.

FIRST LOVE (o.J.): Online unter: https://oegf.at/firstlove/ [13.08.2019]
Beratungsstelle für Jugendliche bis zum 18. Geburtstag

FRAUENSERVICE WIEN/MAGISTRATSABTEILUNG 57 (2018): Mädchen-Broschüre „Sex.Null. Dein ABC für Lust und Liebe". Online unter: https://www.wien.gv.at/menschen/frauen/stichwort/maedchen/broschuere-sexnull.html [02.08.2019]

HARRIS, ROBIE H./EMBERLEY, MICHAEL (2012 [1994]): Total normal – Was du schon immer über Sex wissen wolltest. Weinheim/Basel: Beltz & Gelberg.

HENNING, ANN-MARLENE/BREMER-OLSZEWSKI, TINA (2012): MAKE LOVE. Ein Aufklärungsbuch. Mit Fotografien von Heji Shin. Berlin: Rogner & Bernhard.

HOLLEBEN, JAN VON/HELMS, ANTJE (2013): Kriegen das eigentlich alle? Stuttgart/Wien: Gabriel Verlag.

JUGEND AM WERK (2012): Sexualität. Informationen in leichter Sprache. Wien: o.V. Online unter: https://www.jaw.at/de/aktuelles/157/Broschuere-Sexualitaet-Informationen-in-leichter-Sprache [06.09.2019]

JUGENDINFO WIEN (o.J.): Diverse Broschüren. Online unter: https://www.wienxtra.at/jugendinfo/broschueren [03.08.2019]

MAXEINER, ALEXANDER/KUHL, ANKE (2011): Alles Familie! Vom Kind der neuen Freundin vom Bruder von Papas früherer Frau. Leipzig: Klett.

SELBSTLAUT (2019): Kommentierte Bücherliste (inklusive zahlreicher Kinderbücher). Online unter: https://selbstlaut.org/literatur-und-links/kommentierte-buecherliste/ [02.08.2019]

VEREIN FÜR MÄNNER- UND GESCHLECHTERTHEMEN STEIERMARK - FACHSTELLE FÜR BURSCHENARBEIT (2016): Pornografie & Medienkompetenz. Online unter: https://vmg-steiermark.at/de/pornografie-und-medienkompetenz/die-nackten-zahlen [02.08.2019]

VIDEOS

ACHTUNG°LIEBE (2014): When did you choose to be straight? Online unter: http://www.achtungliebe.at/index.php/mitarbeit [02.08.2019]
Zwei Videos zu verschiedenen Liebesformen

ATTN (2018): We need to talk about rape culture in popular movies. Online unter: https://youtu.be/a7pVOuYUs7M [03.08.2019]

AXSTER, LILLY/AEBI, CHRISTINE (2012): Das machen? Projektwoche Sexualerziehung in der Klasse 4c. Gumpoldskirchen. In mehreren Sprachen vorgelesen unter: http://dasmachen.net/ [01.08.2019]

BERLIN, ELLA (2014): Vulvina. Online unter: https://youtu.be/w17OSvumkew [02.08.2019]

BLUE SEAT STUDIOS (2016): Consent for Kids. Online unter: https://youtu.be/h3nhM9UlJjc [02.08.2019]

BLUE* (2017): Zustimmungskonzept, JAs, NEINs und Fragen stellen (Kanal „Konsens in der Praxis"). Online unter: https://youtu.be/guooep-BLJY [05.08.2019]

DISSENS - INSTITUT FÜR BILDUNG UND FORSCHUNG E.V. (o.J.): Erklärfilm zu geschlechtlicher und sexueller Vielfalt. Online unter: http://www.interventionen.dissens.de/index.php?id=485 [02.08.2019]

JOVANOVIC, GIANNI (2016): Die Runde Ecke. „Ich bin ich". Online unter: https://youtu.be/NivOkWuZEkI [02.08.2019]
Gianni Jovanovic spricht über seine Erfahrungen als Angehöriger der Volksgruppe der Roma, als schwuler Mann, junger Großvater u.ä.m.

LU LIKES (2017): Ich will fühlen. Online unter: https://youtu.be/ns2zyDcHELo [02.08.2019]
Von Lu likes gibt es mehrere Videos zu verschiedenen Themen wie Sexismus, sexuelles Selbstbewusstsein, das Hymen u.ä.m.

MACCARONE, ANGELINA/EMCKE, CAROLIN (2014): Tolerant sind wir selber #2. Online unter: https://youtu.be/qOo5Euyj1MU [02.08.2019]

MAY, EMMELINE/BLUE SEAT STUDIOS (2015): Tea Consent. Online unter: https://youtu.be/oQbei5JGiT8 [03.08.2019]

MEDIENPROJEKT WUPPERTAL: Online unter: https://www.medienprojekt-wuppertal.de/ [02.08.2019]
Von und für Jugendliche produzierte Videos zu verschiedenen Themen

PINK STINKS E.V. (o.J.): Videos für Teens „Sichtbar sein". Online unter: https://pinkstinks.de/schule-gegen-sexismus/sensibilisierungs-videos [03.08.2019]

PLANNED PARENTHOOD (2015): How Do You Know if Someone Wants to Have Sex with You? Online unter: https://youtu.be/oQbei5JGiT8 [05.08.20219]

WIENER BILDUNGSSERVER (o.J.): Sex, we can?! Online unter: www.sexwecan.at [02.08.2019]
Ein Animationsfilm über Liebe und Sex. Begleitmaterial online unter: https://sexualpaedagogik.at/sex-we-can/[02.08.2019]

WIENER MÄDCHENCHANNEL (2017): Bauch, Beine, Pommes. Online unter : https://youtu.be/gFnq1wLvCOw [02.08.2019]

WIENER MÄDCHENCHANNEL (2018): Liebe, Sex und Klartext!. Online unter: https://youtu.be/zngn3iwBe4k [02.08.2019]

ERGÄNZENDE FACHLITERATUR

ALLEN, LOUISA (2011): Young People and Sexuality Education. Rethinking Key Debates. Hampshire: Palgrave Macmillan.

ALLEN, LUISA/RASMUSSEN, MARY LOU/QUINLIVAN, KATHLEEN (Hg.) (2014): The Politics of Pleasure in Sexuality Education. Pleasure Bond. New York: Routledge.

ARZT, SILVIA/BRUNNAUER, CORNELIA/SCHARTNER, BIANCA (2018): Sexualität, Macht und Gewalt. Anstöße für die sexualpädagogische Arbeit mit Kindern und Jugendlichen. Wiesbaden: Springer VS.

DÖRING, NICOLA (2011): Pornografie-Kompetenz. Definition und Förderung. Zeitschrift für Sexualforschung, 24(3), S. 228-255. Online unter: https://www.thieme-connect.com/products/ejournals/abstract/10.1055/s-0031-128707 [02.08.2019].

DÖRING, NICOLA (2012): Erotischer Fotoaustausch unter Jugendlichen. Verbreitung, Funktionen und Folgen des Sexting. Zeitschrift für Sexualforschung, 25(1), S. 4-25. Online unter: http://www.thieme-connect.de/DOI/DOI?10.1055/s-0031-1283941 [02.08.2019]

DÖRING, NICOLA (2017): Online-Sexualaufklärung auf YouTube. Bestandsaufnahme und Handlungsempfehlungen für die Sexualpädagogik. Zeitschrift für Sexualforschung, 30(4), S. 349-367.

Online unter: https://www.thieme-connect.de/products/ejournals/abstract/10.1055/s-0043-121973 [02.08.2019]

HAMMER, CLEMENS/ZIEGELWANGER, SABINE (2012): Interkulturelle Sexualkunde oder Sexualerziehung der Vielfältigkeit? Überlegungen zum Umgang mit Jugendlichen verschiedener Werthaltungen in der Sexualpädagogik. In: Österreichische HochschülerInnenschaft (Hg.): Sex(ual) Politics. Wien: Eigenverlag, S. 104-109.

HENNINGSEN, ANJA/TUIDER, ELISABETH/TIMMERMANNS, STEFAN (Hg.) (2016): Sexualpädagogik kontrovers. Weinheim/Basel: Beltz Juventa.

HIPFL, BRIGITTA (2015): Medialisierung und Sexualisierung als Assemblagen gegenwärtiger Kultur – Herausforderungen für eine (Medien)-Pädagogik jenseits von „moral panic". In: Aigner, Josef Christian/Hug, Theo/Schuegraf, Martina/Tillmann, Angela (Hg.) Medialisierung und Sexualisierung. Vom Umgang mit Körperlichkeit und Verkörperungsprozessen im Zuge der Digitalisierung. Wiesbaden: Springer VS, S. 15-32.

HUCH, SARAH/LÜCKE, MARTIN (Hg.) (2015): Sexuelle Vielfalt im Handlungsfeld Schule. Konzepte aus Erziehungswissenschaft und Fachdidaktik. Bielefeld: transcript.

MARTIN, BEATE/NITSCHKE, JÖRG (2017): Sexuelle Bildung in der Schule. Themenorientierte Einführung und Methoden. Stuttgart: Kohlhammer.

MÉRITT, LAURA (Hg.): Frauenkörper neu gesehen. Ein illustriertes Handbuch. Berlin: Orlanda.

RETKOWSKI, ALEXANDRA/TREIBEL, ANGELA/TUIDER, ELISABETH (2018): Handbuch Sexualisierte Gewalt und pädagogische Kontexte. Theorie, Forschung, Praxis. Weinheim/Basel: Beltz Juventa.

SAGER, CHRISTIN (2015): Das aufgeklärte Kind. Zur Geschichte der bundesrepublikanischen Sexualaufklärung (1950-2010). Bielefeld: transcript.

SCHMIDT, GUNTER (2014): Das neue DER DIE DAS. Über die Modernisierung des Sexuellen. Gießen: Psychosozial-Verlag.

SCHMIDT, RENATE-BERENIKE/SIELERT, UWE (Hg.) (2008): Handbuch Sexualpädagogik und sexuelle Bildung. Weinheim: Beltz Juventa.

SCHMIDT, RENATE-BERENIKE/SIELERT, UWE (2012): Sexualpädagogik in beruflichen Handlungsfeldern. Köln: Bildungsverlag EINS.

SIELERT, UWE/MARBURGER, HELGA/GRIESE, CHRISTIANE (Hg.) (2017): Sexualität und Gender im Einwanderungsland. Öffentliche und zivilgesellschaftliche Aufgaben: Ein Lehr- und Praxishandbuch. Oldenburg: De Gruyter.

THOLE, WERNER/BAADER, MEIKE/HELSPER, WERNER/KAPPELER, MANFRED/FREUND, ULLI (2011): Sexualisierte Gewalt unter Schülerinnen und Schülern. Erkennen und Eingreifen in Schule und Internat. In: engagement. Zeitschrift für Erziehung und Schule. Heft 2011 (1), Prävention von sexualisierter Gewalt. Münster: Aschendorff, S. 14-25.

THOLE, WERNER/BAADER, MEIKE/HELSPER, WERNER/KAPPELER, MANFRED/LEUZINGER-BOHLEBER, MARIANNE/REH, SABINE/SIELERT, UWE/THOMPSON, CHRISTIANE (Hg.) (2012): Sexualisierte Gewalt, Macht und Pädagogik. Opladen/Berlin/Toronto: Verlag Barbara Budrich.

TIMMERMANNS, STEFAN/TUIDER, ELISABETH/SIELERT, UWE (Hg.) (2004): Sexualpädagogik weiterdenken. Postmoderne Entgrenzungen und pädagogische Orientierungsversuche. Weinheim/München: Juventa.

TOLMAN, DEBORAH L. (2005): Dilemmas of desire. Teenage girls talk about sexuality. Cambridge: Harvard University Press.

TUIDER, ELISABETH (2014): Körper, Sexualität und (Dis-)Ability im Kontext von Diversity Konzepten. In: Wansing, Gudrun/Westphal, Manuela (Hg.): Behinderung und Migration. Inklusion, Diversity, Intersektionalität. Wiesbaden: Springer VS, S. 97-116.

WAZLAWIK, MARTIN/VOß, HEINZ-JÜRGEN/RETKOWSKI, ALEXANDRA/HENNINGSEN, ANJA/DEKKER, ARNE (Hg.) (2019): Sexuelle Gewalt in pädagogischen Kontexten. Aktuelle Forschungen und Reflexionen. Wiesbaden: Springer VS.

ZIMMERMAN, JONATHAN (2015): Too hot to handle: A global history of sex education. Princeton, MA: Princeton University Press.

ABBILDUNGSVERZEICHNIS

Es war uns ein Anliegen, bei möglichst vielen Bildern eine Online-Quelle anzugeben. Nicht immer ist es uns gelungen, als Quelle die Seite der jeweiligen Firma oder Kampagne zu finden. Deshalb gibt es im Abbildungsverzeichnis auch Links zu Medienartikel u.ä., in dem die erwähnten Bilder thematisiert werden. Die Links dienen nur als Quelle zu den Bildern und sind nicht als inhaltliche Empfehlungen gedacht.
Die Linkliste der Bilderpools findet sich auch unter: www.imaginingdesires.at.

MIT BILDERN ZU LUST UND BEGEHREN ARBEITEN

BILDERPOOL ALLTAGS- UND POPULÄRKULTUR

behold-the-cover-for-andre-acimans-sequel-to-call-me-by-your-name [14.08.2019]

Abb. 6: Illustration zu einem Instagram-Post von Beyoncé Knowles 2017
© Franziska Kabisch
Die Vorlage für die Illustration findet sich online unter: https://www.instagram.com/p/BP-rXUGBPJa/?taken-by=beyonce [14.08.2019]

Abb. 7: Illustration zu einem Musikvideostill aus „Swalla" von Jason Derulo (feat. Nicki Minaj & Ty Dolla $ign)
© Franziska Kabisch
Die Vorlage für die Illustration findet sich online unter: https://youtu.be/NGLxoKOvzu4 [14.08.2019]

Abb. 8: Filmstill aus „L'Animale" von Katharina Mückstein 2018
© Katharina Mückstein und Nikolaus Geyrhalter Filmproduktion GmbH
Online unter: http://www.lanimale.com (Download, Filmstills) [13.08.2019]

Abb. 9: Illustration zu einem Musikvideostill aus „Wrecking Ball" von Miley Cyrus 2013
© Franziska Kabisch
Die Vorlage für die Illustration findet sich online unter: https://youtu.be/My2FRPA3Gf8 [14.08.2019]

Abb. 10: Filmstill aus „L' Animale" von Katharina Mückstein 2018
© Katharina Mückstein und Nikolaus Geyrhalter Filmproduktion GmbH
Online unter: http://www.lanimale.com (Download, Filmstills) [13.08.2019]

Abb. 11: Instagram-Post, Arvida Byström 2017
© Arvida Byström
Online unter: https://www.instagram.com/p/BWxWA9xgMlc/?takenby=arvida bystro [14.08.2019]

BILDERPOOL KUNST

Abb. 12: Illustration zu „Shower II" von Hugh Steers 1990
© Franziska Kabisch
Die Vorlage für die Illustration findet sich online unter: https://www.alexander-gray.com/artists/hugh-steers#9 [14.08.2019]

Abb. 13: (Illustration zu) „Carl" aus einer 4-teiligen Serie, Jakob Lena Knebl 2017
© Georg Petermichl und Jakob Lena Knebl © Illustration Franziska Kabisch
Die Fotografie ist online nicht verfügbar.

Abb. 14: (Illustration zu) „Me, Me & Me", Amoako Boafo 2017
© Amoako Boafo © Illustration Franziska Kabisch

Das Gemälde ist online nicht verfügbar. Die aktuelle Website des Künstlers lautet: https://amoako-boafo.com/ABOUT [5.10.2019]

Abb. 15: Installationsansicht „Once Upon A Time" (im LGBT Community Center Manhattan), Keith Haring 1989
© Keith Haring Foundation
Online unter: https://www.artsy.net/article/artsy-editorial-keith-harings-risque-mural-hidden-public-bathroom [14.08.2019]

Abb. 16: Illustration zu „La Grande Odalisque" von Jean A. D. Ingres 1814
© Franziska Kabisch
Die Vorlage für die Illustration findet sich online unter: https://de.wikipedia.org/wiki/Jean-Auguste-Dominique_Ingres#/media/Datei:Ingre,_Grande_Odalisque.jpg [14.08.2019]

Abb. 17: „Las tres gracias", Alejandra Hernández 2016
© Alejandra Hernández
Online unter: http://www.alejandrahernandez.com/portfolio/naked-portraits/#jp-carousel-1221 [14.08.2019]

Abb. 18: „Flaming Flamingos", Katrina Daschner 2011
© Katrina Daschner
Online unter: https://www.artribune.com/attualita/2014/03/krinzinger-projekte-larte-alle-donne-a-vienna/ [14.08.2019]

Abb. 19: VALIE EXPORT, TAPP und TASTKINO, 1968
© Bildrecht, Wien 2019
Online unter: https://www.valieexport.at/jart/prj3/valie_export_web/main.jart?rel=de&reserve-mode=active&content-id=1526555820281&tt_news_id=1956 [14.08.2919]

Abb. 20: „Negai no itoguchi [Erwachen der Begierde]", Kitagawa Utamaro 1799
© Rijksmuseum, Amsterdam
Online unter: https://www.rijksmuseum.nl/nl/zoeken/objecten?p=12&ps=12&f.principalMakers.name.sort=Kitagawa+Utamaro&st=Objects&ii=6#/RP-P-2006-268,138 [14.08.2019]

Abb. 21: Illustration zu „No. 19 from the Kitchen Table Series" von Carrie Mae Weems 1990
© Franziska Kabisch
Die Vorlage für die Illustration findet sich online unter: http://carriemaeweems.net/galleries/kitchen-table.html [14.08.2919]

BILDERPOOL WERBUNG

Abb. 22: Illustration zu einem Werbesujet für eine Modekette
© Franziska Kabisch
Die Vorlage für die Illustration findet sich online unter: https://fastexposure.wordpress.com/2012/05/02/sex-sells-not/ [13.08.2019]

Abb. 23: Werbesujet für Bier, Astra o.J.
© Astra
Online unter: https://pinkstinks.de/transnixen-und-bartnymphen-ist-astra-revolutionaer/astra-bier-werbung-440x630/ [13.08.2019]

Abb. 24: Werbesujet für ein Online-Zahlungsverfahren, pay direkt, Finanzgruppe Deutscher Sparkassen- und Giroverband, o.J.
© Preuss und Preuss GmbH
Online unter: https://www.preussundpreuss.com/portfolio/sparkasse/ [14.08.2019]

Abb. 25: Illustration zu einem Werbesujet für öffentliche Verkehrsmittel 2019
© Franziska Kabisch
Die Vorlage für die Illustration findet sich online unter: https://stereofilms.de/en/portfolio/bvg-social-media-spot/ [13.08.2019]

Abb. 26: Illustration zu einem Werbesujet für Fruchtgummi
© Franziska Kabisch
Die Vorlage für die Illustration findet sich online unter: https://www.horizont.net/agenturen/nachrichten/jes---alles-veggie-so-setzen-katjes-und-antoni-jellyhouse-die-effie-praemierte-kampagne-fort-172021 [13.08.2019]

Abb. 27: Werbekampagne für Kondome und Gleitmittel „Come Closer", Ritex 2019
© Ritex
Online unter: https://www.ritex.de/ueber-uns/presse/get-closer-neue-kondom-kampagne/[14.08.2019]

Abb. 28: Illustration zu einem Werbesujet für Parfüm 2019
© Franziska Kabisch
Die Vorlage für die Illustration findet sich online unter: https://www.eonline.com/news/690998/theo-james-first-official-hugo-boss-fragrance-ad-is-here-see-the-steamy-pic [13.08.2019]

Abb. 29: Illustration zu einem Werbesujet für Mineralwasser
© Franziska Kabisch
Die Vorlage für die Illustration findet sich online unter: http://www.satek.at/Archiv-2/Romerquelle [14.08.2019]

Abb. 30: Illustration zu einer Fotografie von Heji Shin in MAKE LOVE 2012.
© Franziska Kabisch
Die Vorlage für die Illustration findet sich in: Henning, Ann-Marlene/Bremer-Olszewski, Tina (2012): MAKE LOVE. Ein Aufklärungsbuch. Berlin: Rogner & Bernhard, S. 69.
Die Fotografie ist online nicht verfügbar.

Abb. 31: Illustration zu einer Fotografie von Heji Shin in MAKE LOVE 2012.
© Franziska Kabisch
Die Vorlage für die Illustration findet sich in: Henning, Ann-Marlene/Bremer-Olszewski, Tina (2012): MAKE LOVE. Ein Aufklärungsbuch. Berlin: Rogner & Bernhard, S. 71.
Die Fotografie ist online nicht verfügbar.

Abb. 32: Zeichnung von Barbara Hoffmann in Verein Leicht Lesen (o.J.): Frau. Mann. Und noch viel mehr. Eine Broschüre in Leichter Sprache. In Zusammenarbeit mit der HOSI Salzburg und Expert*innen, S. 43.
© The Graphic Society – Graphic Design & Illustration
Online unter: https://undnochvielmehr.com/ [13.08.2019].

Abb. 33: Zeichnung von Christine Aebi in Axster, Lilly/Aebi, Christine (2012): Das machen? Projektwoche Sexualerziehung in der Klasse 4c. Gumpoldskirchen: D.E.A.
© Christine Aebi
Online unter: http://dasmachen.net/ [01.08.2019].

Abb. 34: Zeichnung von Helge Streit in Selbstlaut (2017 [2011]): Ganz schön intim. Sexualerziehung für 6-12 Jährige. Unterrichtsmaterialien zum Download, Erstellt im Auftrag des Bundesministeriums für Unterricht, Kunst und Kultur, S. 91.
© Helge Streit
Online unter: https://selbstlaut.org/publikationen-und-materialien/ [02.08.2019].

Abb. 35: Fotografie von Jan von Holleben in von Holleben, Jan/Helms, Antje (2013): Kriegen das eigentlich alle? Stuttgart/Wien: Gabriel Verlag, S. 108-109.
© Jan von Holleben
Die Fotografie ist online nicht verfügbar.

Abb. 36: Illustration zu einer Fotografie von Heji Shin in MAKE LOVE 2012.
© Franziska Kabisch
Die Vorlage für die Illustration findet sich in: Henning, Ann-Marlene/Bremer-Olszewski, Tina (2012): MAKE LOVE. Ein Aufklärungsbuch. Berlin: Rogner & Bernhard, S. 72.
Die Fotografie ist online nicht verfügbar.

Abb. 37 und 38: Ausstellungsansicht Magic Circle 2018, Kunstraum Niederösterreich
Fotografie: © Eva Würdinger

Abb. 39: Fotografie aus dem Workshop *Geschlechtliche und sexuelle Vielfalt in der Sexualpädagogik* von Katharina Debus auf dem Symposium „Sex and Visual Culture“ am Institut für das künstlerische Lehramt, Wien 2017
© Projekt Imagining Desires, Akademie der bildenden Künste Wien

Abb. 40: Fotografie aus dem Workshop *Über Alltagsbilder und Sexualität ins Gespräch kommen* auf der Tagung „Der professionalisierte Blick“, Pädagogische Hochschule Zürich 2019.
© Projekt Imagining Desires, Akademie der bildenden Künste Wien

Abb. 41: Teil von „Though Shalt Not Suffer a Witch to Live (On Mass Hysteria I)“, Johanna Braun, Ausstellung Magic Circle im Kunstraum Niederösterreich 2018
Fotografie: © Eva Würdinger

Abb. 42: „Bow Down“, Tabira Rezaire, Ausstellung Magic Circle im Kunstraum Niederösterreich 2018
Fotografie: © Eva Würdinger

Abb. 43–45: Assoziationssammlungen
© Projekt Imagining Desires, Akademie der bildenden Künste Wien

Abb. 46: Instagram-Post, Arvida Byström 2017
© Arvida Byström
Online unter: https://www.instagram.com/p/BWxWA9xgMlc/?takenby=arvidabystro [14.08.2019]

Abb. 47 und 48: Kompositionsskizzen zu einem Instagram-Post von Arvida Byström
© Projekt Imagining Desires, Akademie der bildenden Künste Wien

Abb. 49–53: Gestalterische Arbeiten zu einem Bildausschnitt von Teilnehmer*innen und Leiter*innen der Methodenwerkstatt
© Projekt Imagining Desires, Akademie der bildenden Künste Wien

Abb. 54: Collage zum Auftrag „Lasst das Bild möglichst humorvoll wirken“ von Teilnehmer*innen der Methodenwerkstatt
© Projekt Imagining Desires, Akademie der bildenden Künste Wien

Abb. 55: Collage zum Auftrag „Setzt das Bild in einen Kontext, in dem es romantisch wirkt“ von Teilnehmer*innen der Methodenwerkstatt
© Projekt Imagining Desires, Akademie der bildenden Künste Wien

Abb. 56: Dokumentation eines Bildernetzes aus der Methodenwerkstatt
© Projekt Imagining Desires, Akademie der bildenden Künste Wien

Abb. 57: Fotografie aus dem Workshop „Vielfalt von der Vielfalt aus denken: Bilderpools für die sexualpädagogische Arbeit im Kunstunterricht erstellen" bei den Schwerpunkttagen „Let's talk about sex!" an der Kunstuniversität Linz 2019
© Karla Schmutzer

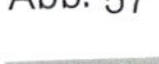
Abb. 57

DIE AUTORINNEN

KARLA SCHMUTZER ist Lehrerin für künstlerisch-gestalterische Unterrichtsfächer in der Sekundarstufe und unterrichtet an einer Mittelschule in Wien. Sie lehrt am Institut für das künstlerische Lehramt im Fachbereich für Kunst- und Kulturpädagogik an der Akademie der bildenden Künste Wien. Im Rahmen von *Imagining Desires* hat sie zu sexualitätsbezogener visueller Kultur und differenzsensiblen Vermittlungspraxen geforscht.
Publikation zum Thema: Körperbilder und Proportionsregeln im Kunstunterricht durchkreuzen. Möglichkeitsräume sexueller Bildung im künstlerisch-gestalterischen Unterricht. In: Thuswald, Marion/Sattler, Elisabeth (Hg.) (2016): teaching desires. Wien: Löcker, S. 106-126.

MARION THUSWALD arbeitet als Bildungswissenschaftlerin am Institut für das künstlerische Lehramt an der Akademie der bildenden Künste Wien. In Lehre und Forschung arbeitet sie unter anderem zu sexueller Bildung und Kunstpädagogik, pädagogischer Professionalisierung, Critical Diversity und partizipativer Forschung. Sie ist Mitarbeiterin im Forschungs- und Bildungsprojekt *Imagining Desires* und promoviert zu sexualpädagogischer Professionalisierung in der Lehrer*innenbildung.
Publikation zum Thema: Geschlechterreflektierte sexuelle Bildung? Heteronormativität und Verletzbarkeit als Herausforderungen sexualpädagogischer Professionalisierung. In: Jahrbuch Frauen- und Geschlechterforschung in der Erziehungswissenschaft, Nr. 15/2019.

Wir bedanken uns ganz herzlich bei **NIN LANGER** für die großartige Unterstützung bei der Recherche und den Anfragen zu den Verwendungsrechten der Bilder.

LAYOUT UND ILLUSTRATION

FRANZISKA KABISCH ist Filmemacherin, Künstlerin, Grafikerin und manches andere. Beeinflusst aus verschiedenen Kontexten wie Körperarbeit, Tanz, Kunst, Deutsch-Sprachunterricht und Aktivismus, liegt der Fokus ihrer Arbeit auf den Komplexen Sprache und Schrift, Begehren und Körper. Mit dem Kollektiv *Feige. Verein für queer*feministische Bildung und Bildproduktion* arbeitet sie zu Bodyshaming im Internet, sexueller Selbstbestimmung und female gaze. Aktuell beschäftigt sie sich im Rahmen des BKA-Startstipendiums mit der Darstellung von Abtreibungen in Mainstream-Filmen und Serien.
www.franziskabisch.net